**Ihr Hobby**

# Makropoden --
# Paradiesfische

**Dr. Thomas Seehaus**
**und**
**Dr. Jürgen Schmidt**

# Inhaltsverzeichnis

© 2002, bede-Verlag, Bühlfelderweg 12, D-94239 Ruhmannsfelden
E-mail: info@bede-verlag.de, Internet: www.bede-verlag.de
Konzept der Reihe „Ihr Hobby…", Herstellung und Gestaltung: bede-Verlag
Fachliche Durchsicht: Dr. Hans-Joachim Paepke, Potsdam
Alle Rechte vorbehalten. Für Schäden, die durch Nachahmung entstehen,
können weder Verlag noch Autoren haftbar gemacht werden.
Fotos: Dr. Bosko Chan, Jakob Geck, Harald Hehl, Fabian Herder, Burkhard Kahl,
Günter Kopic, Horst Linke, Gerhard Ott, Marie-Paule & Christian Piednoir/Aqua
Press, Frank Schäfer, Dr. Jürgen Schmidt, Yvette Tavernier, Jörg Töpfer u. v. a. m.
bede-Bestellnummer: HO 416
ISBN: 3-89860-005-X

# Einleitung

Sicher haben das faszinierende Verhalten und die aufopferungsvolle Brutpflege des Paradiesfischs die ersten Aquarianer begeistert. Ein besonderes sprachliches Problem ist, daß das Wort Paradiesfisch in unterschiedlichen Zusammenhängen benutzt wird. Das heißt, daß sowohl die Mehrzahl von Paradiesfisch als auch die von Makropode entweder jeweils mehrere Individuen der Art M. opercularis oder jeweils mehrere Paradiesfisch- sowie Makropodenarten bedeuten kann.
Foto:
H.-J. Richter

Unter dem Namen Makropoden werden von den Aquarianern verschiedene Labyrinthfische zusammengefaßt, die taxonomisch eigentlich nicht sehr viel miteinander zu tun haben. Makropode bedeutet soviel wie „Großflosser", womit die oft prächtige Beflossung der Fische gemeint ist. Ursprünglich wurde der Name nur für den Paradiesfisch, *Macropodus opercularis*, verwendet, der zu den ältesten, aus den Tropen stammenden Aquarienfischen zählt.

Bereits vor mehr als 130 Jahren, im Sommer des Jahres 1869, gelangten die ersten Paradiesfische an Bord des Kriegsschiffes „Imperatrice" aus Ning-Po in China nach Frankreich. Nach dem Goldfisch waren sie die ersten Exoten, die lebend importiert wurden. Gemeinsam mit dem Kaudi, *Phalloceros caudimaculatus*, einem kleinen Lebendgebärenden Zahnkarpfen, begründeten sie die Aquaristik tropischer Fische in Europa. Dem berühmten Fischzüchter P. CAR-

*Gabelschwanz-makropode* oder *Paradiesfisch,* Macropodus opercularis *(ein bekanntes Synonym ist* Macropodus chinensis*); ein balzendes Paar unter seinem Schaumnest. Foto: B. Kahl*

BONNIER gelang bereits 1870 die Nachzucht. Anfangs wurden die begehrten Tiere zum stolzen Preis von 50 Mark pro Paar, was etwa dem halben Monatslohn eines Arbeiters entsprach, gehandelt. Aber bereits Anfang des 20. Jahrhunderts war der Preis aufgrund der leichten Züchtbarkeit auf 20 bis 30 Pfennig pro Stück gesunken, so daß sich auch weniger begüterte Aquarianer die Haltung der prächtigen Fische leisten konnten. Lange Zeit galten sie, neben verschiedenen Lebendgebärenden und Barben, als die „Anfängerfische" überhaupt. Leider hat dies im Laufe der Zeit aber auch

dazu geführt, daß sie heute an Bedeutung verloren haben. Als „graue Nudeln" in grell beleuchteten, meist unbepflanzten Verkaufsaquarien können sie mit den plakativen Farben „modernerer" Aquarienfischen nicht konkurrieren. Zudem gelten sie unberechtigterweise als besonders aggressiv und unverträglich. Auch hat die Tatsache, daß im letzten Jahrhundert aus politischen Gründen kaum Neuimporte aus China und Vietnam möglich waren, dazu geführt, daß unsere Aquarienstämme durch endlose Inzuchtgenerationen und mangelnde Selektion kaum noch mit

*In der Aquaristik unter dem Oberbegriff Makropoden zusammengefaßte Arten wie der Ceylonmakropode, Belontia siganta, werden in diesem Buch gleichfalls vorgestellt. Foto: H. Linke*

5

*Gabelschwanz-
makropode,
Macropodus
opercularis.
Diese Fische
zeichnen sich
durch eine au-
ßerordentliche
Anpassungsfä-
higkeit und
Robustheit aus,
die es ihnen
ermöglicht, in
ihrer Heimat
sehr unter-
schiedliche
Gewässertypen
wie heiße,
sauerstoffarme
Reisfelder, Tüm-
pel, Gräben
sowie kleinere
Flußläufe zu
bewohnen.
Diese Fähigkei-
ten – neben
prächtigem
Aussehen und
leichter Zücht-
barkeit – haben
sicher entschei-
dend zu ihrem
Erfolg als
Aquarienfische
beigetragen.
Foto:
H.-J. Richter*

den ursprünglichen Stämmen zu ver-
gleichen sind. Solch prächtige Fische,
wie sie auf den Fotos von H.-J. RICHTER
und B. KAHL zu sehen sind, finden sich
heutzutage kaum noch im Handel.
Glücklicherweise ändern sich politische
Zustände gelegentlich, und so ist es jetzt
wieder möglich, China und Vietnam zu
bereisen. Dieser Umstand hat dazu geführt, daß neuerdings wieder Wildfang-
makropoden, von denen wir auch in diesem Buch berichten wollen, den Weg
nach Europa gefunden haben.

Mit diesem Buch möchten wir versuchen, das Bild dieser herrlichen Fische
in den Köpfen der Aquarianer zurecht
zu rücken und den geneigten Leser
ermutigen, ihnen wieder einmal eine
Chance zu geben. Es lohnt sich! Selbstverständlich sollen auch die anderen
Makropodenarten und ihre Verwandten
gewürdigt werden.

# Verwandtschaftliche Beziehungen

Taxonomisch, also nach ihrer wissenschaftlichen Einordnung, gehören die Paradiesfische oder Makropoden zu den Labyrinthfischen, Anabantoidei, einer Unterordnung der Barschartigen, Perciformes, zu denen auch die bekannten Faden- und Kampffische gezählt werden. Mit diesen sind sie in der Familie Belontiidae zusammengefaßt.

In der aquaristischen Literatur werden derzeit fünf Makropodenarten als gültig betrachtet, die wir hier vorstellen möchten.

Neben dem von LINNÉ bereits im 16. Jahrhundert beschriebenen Gabelschwanzmakropoden, *M. opercularis*, handelt es sich um den im 17. Jahrhundert von CANTOR beschriebenen Rundschwanzmakropoden, *M. ocellatus*. Dieser aber war lange Zeit als Chinamakropode bekannt; dennoch ist *M. chinensis* kein Synonym des Rundschwanzmakropoden, sondern ein Juniorsynonym des Gabelschwanzmakropoden (PAEPKE 1990). Ferner handelt es sich um den Schwarzen Makropoden, *M. concolor* (der zur Zeit gelegentlich auch *M. spechti* genannt wird) sowie die beiden erst kürzlich neu beschriebenen Arten: den Rotrückenmakropoden, *M. erythropterus*, und den Hongkongmakropoden, *M. hongkongensis*.

## Labyrinthfische

Den deutschen Namen verdankt diese Unterordnung dem sogenannten Labyrinthorgan, den vielfach verzweigten und verästelteten knöchernen Auswüchsen in der Kiemenhöhle, die für den Gasaustausch mit einer stark durchbluteten Haut überzogen sind. Mit Hilfe dieses Organs sind die Fische in der Lage, freien Sauerstoff aus der Luft aufzunehmen. Hierdurch können sie in sauerstoffarmen Gewässern und sogar in Schlamm überleben, solange die Kiemenhöhle ausreichend feucht bleibt. Zum Atmen schwimmen die Fische in regelmäßigen Abständen zur Wasseroberfläche und saugen mit dem Maul etwas Luft auf, indem sie den Mundboden bei geschlossenen Kiemendeckeln absenken. Die verbrauchte Atemluft stoßen sie aus, indem sie die Kiemendeckel öffnen und die frische Luft durch Anheben des Mundbodens, unter Nachschub frischer Luft, aus dem Labyrinthorgan pressen. Dieses Verhalten ist im Aquarium gut zu beobachten. Viele Labyrinthfische sind auf diese akzessorische, also zusätzliche Atmung derart stark angewiesen, daß sie ertrinken, falls ihnen der Zugang zur Wasseroberfläche – beispielsweise durch einen Wasserstand bis unter die Deckscheiben – verwehrt wird. Für die Menschen in Südostasien hat die Labyrinthatmung der Fische eine wichtige Bedeutung, da es so möglich ist, die gefangenen Fische lebend – und damit frisch – auf den Markt zu bringen, wobei die Fische in großen Körben lediglich feucht gehalten werden.

**Wie bereits erwähnt, sind in jüngster Zeit wieder etliche Importe aus den Heimatländern der Makropoden nach Europa gelangt, worunter sich noch weitere Farbvarianten oder sogar neue Arten verbergen könnten.**

*Rundschwanzmakro-
pode,* Macropodus
ocellatus; *hier ein
Männchen.
Er ist ein Kaltwasser-
fisch, der nur vorüber-
gehend im Tropen-
aquarium gepflegt
werden kann. Früher
war der Rund-
schwanzmakropode
fälschlicherweise als
Chinamakropode,*
M. chinensis, *bekannt;
dieser ist jedoch kein
Synonym des Rund-
schwanzmakropoden,
sondern eines des
Gabelschwanzmakro-
poden,* M. opercularis.
*Foto: H. Linke*

*Schwarzer Makro-
pode,* Macropodus
concolor *(gelegentlich
auch* M. spechti *ge-
nannt); hier ein impo-
nierendes Männchen.
Er stellt etwas höhere
Anforderungen an die
Wasserqualität und
den Temperatur-
bereich als der
Paradiesfisch.
Foto: H.-J. Richter*

## Das Verbreitungsgebiet der Makropoden

Die natürliche Nord-Süd-Verbreitung der Gattung *Macropodus* erstreckt sich:
– im Süden: vom hochgelegenen Einzugsgebiet des Cai-Flusses, Stadt Dalat im nördlichen Südvietnam, und
– im Norden: bis zum Einzugsgebiet des Nen-Jing-Flusses, Stadt Hasbin in der Mandschurei.
Dieses Verbreitungsgebiet teilen sich der südlich vorkommende Gabelschwanzmakropode, *M. opercularis*, und der nördlich verbreitete Rundschwanzmakropode, *M. ocellatus*. Über weite Areale kommen jedoch beide Arten überlappend vor, nämlich zwischen Guangzhou im Süden und Jinagsu im Norden. Ferner wurden auf den Inseln Hainan und Taiwan, die während der Eiszeiten landverbunden waren, Gabelschwanzmakropoden nachgewiesen; auf den Japanischen Inseln, die ebenfalls landverbunden waren, Rundschwanzmakropoden.

**Hinweis:** Die Makropoden besiedeln sehr unterschiedliche Klimazonen, von tropisch im Süden, bis gemäßigt, mit kalten Wintern und heißen Sommern, im Norden. Entsprechend verschieden sind auch ihre Ansprüche an die Aquarienpflege.

Ein vergleichsweise kleines Gebiet besiedelt der Schwarze Makropode, *M. concolor*. Seine genaue Herkunft war lange umstritten. In der neueren Literatur ist die Stadt Hue in Mittelvietnam angegeben. Dort konnten die Fische inzwischen

*Der Fundort des ebenfalls schwärzlich gefärbten Hongkongmakropoden; diese Fische befanden sich unter der ins Wasser wachsenden Vegetation am Ufer.*
***Wasserwerte:***
*Lufttemperatur: 29 °C,*
*Wassertemperatur: 24 °C,*
*pH-Wert:*
*6,4 bis 6,5,*
*Gesamthärte:*
*4 bis 5 °dGH,*
*Karbonathärte:*
*6 °KH*
*Ammonium:*
*nicht*
*Nachweisbar,*
*Nitrit:*
*0,025 mg/l,*
*Nitrat:*
*nicht*
*Nachweisbar,*
*Eisen:*
*0,4 mg/l,*
*Phosphat:*
*0,25 mg/l.*
*Foto:*
*J. Töpfer*

# Verwandtschaftliche Beziehungen

Hongkong-makropode, Macropodus hongkongensis; ein junges Männchen mit den für diese Form typischen weißlichen Bauchflossen-fäden. Diese Art ist näher mit dem Gabelschwanz- als mit dem Schwarzen Makropoden verwandt.
Foto: J. Töpfer

Rotrücken-makropoden, M. erythropte-rus, aus Viet-nam, Männ-chen. Typisch sind der rötli-che Rücken, der meist nur schwach erkennbar ist, und die Glanzschuppen im unteren, hinteren Körperbereich.
Foto: F. Herder

auch mehrfach nachgewiesen werden (KEILER & HEHL pers. Mitt., FREYHOF & HERDER 2002). Es wurde zudem ein weiterer Fundort bei Hongkong (TÖPFER 2001) entdeckt; doch beruht dies auf einer Verwechslung mit dem Schwarzen Makropoden, *M. concolor*, denn bei diesem Fisch handelt es sich um eine neue, eigenständige Art – dem Hongkongmakropoden, *M. hongkongensis*.

Feldforschungen in China und Vietnam könnten durchaus noch weitere Überraschungen zu Tage fördern, wie beispielsweise der neuentdeckte Rotrückenmakropode, *M. erythropterus*, der ebenfalls ein vergleichsweise sehr kleines Verbreitungsgebiet in Mittelvietnam besiedelt. Die beiden aus Mittelvietnam stammenden Arten, der Schwarze und der Rotrückenmakropode, sind aufgrund ihrer Verbreitung im tropischen Gebiet auch die wärmeliebendsten Vertreter der Gattung.

Im Gegensatz dazu muß der Rundschwanzmakropode, *Macropodus ocellatus*, mit harten Wintern und vereisten Gewässern aber heißen Sommern zurecht kommen. Dies ist deshalb die am schwierigsten zu pflegende Art, da sie zur erfolgreichen Pflege und Zucht deutliche Temperaturschwankungen im Tages- und Jahresverlauf benötigt.

Heute sind noch eine ganze Reihe weiterer Fundstellen bekannt, bei denen es sich allerdings um allochthone Vorkommen – Faunenverfälschungen durch ausgesetzte oder verwilderte Fische – handelt. Erwähnt seien die japanische Insel Okinawa, Singapur und Sumatra, aber auch auf Madagaskar, in Kolumbien, Florida und Louisiana, sind heutzutage Gabelschwanzmakropoden zu finden.

*Die Bergregion von Hongkong im Gebiet Tai Po. In den Bergbächen dieser Region ist sowohl der Gabelschwanz- als auch der Hongkong- makropode (kleines Foto) zu finden.*
*Fotos:*
*J. Töpfer*

# Verwandtschaftliche Beziehungen

*Schwarzer Spitzschwanz-makropode, Pseudosphromenus cupanus, Männchen. Diese robusten Fische sind in Südindien und auf Sri Lanka heimisch und in unterschiedlichen Gewässertypen, vor allem aber in stehendem Wasser, anzutreffen. Foto: H. Linke*

*Roter Spitzschwanz-makropode, Pseudosphromenus dayi, Männchen. Diese gleichfalls robusten Fische sind nur aus Südwestindien bekannt. Foto: H.-J. Richter*

## Weitere „Makropoden"

Zur Gattung *Macropodus* wurden früher auch die Spitzschwanzmakropoden gezählt, die aber als eigenständige Gattung *Pseudosphromenus* eher in die Nähe der Kampffische, *Betta*, gehören. Zu den Gründen hierfür zählen zum einen Unterschiede im Körperbau, zum anderen die Tatsache, daß sie sich – im Gegensatz zu den Schwimmeier produzierenden Arten der Gattung *Macropodus* – mit Hilfe von größeren und schwereren Sinkeiern fortpflanzen.

Die hübschen Spitzschwanzmakropoden bleiben deutlich kleiner als die Vertreter der Gattung *Macropodus* und führen meist ein recht verstecktes Leben zwischen Wasserpflanzen und vom Ufer ins Wasser hängenden Wurzeln. In die Gattung sind derzeit zwei Arten eingeordnet, der Schwarze Spitzschwanzmakropode, *Pseudosphromenus cupanus*, aus Südindien und Sri Lanka sowie der Rote Spitzschwanzmakropode, *Pseudosphromenus dayi*, aus Südwestindien.

Von Sri Lanka stammt noch eine weitere, aber deutlich empfindlichere Art, der Marmorierte oder Kretsers Spitzschwanzmakropode, *Malpulutta kretseri*. Oft wird dieser Fisch nach seinem transliterierten wissenschaftlichen Namen auch als „Waldbachblüte" bezeichnet. Diese Art ist in ihrem ursprünglichen Verbreitungsgebiet auf Sri Lanka – bekannt ist vor allem der Kottawa Forest – stark gefährdet und nur äußerst selten im Handel zu finden. Da dieser Fisch auch nicht so leicht zu pflegen und zu vermehren ist wie seine beiden nächsten Verwandten, dürfte die Pflege und Zucht dieser faszinierenden Art in der Regel dem Spezialisten vorbehalten sein.

Ebenfalls auf Sri Lanka finden wir mit *Belontia signata*, den Ceylon- oder Kammschwanzmakropoden, einen weiteren Fisch, der zwar den deutschen Namen Makropode trägt, mit den bislang erwähnten Arten aber nur weitläufig verwandt ist.

Die zweite Art der Gattung, *Belontia hasselti*, der Wabenschwanz- oder Malayenmakropode ist im Malaiischen Archipel, das heißt auf der Malaiischen Halbinsel sowie auf den Sundainseln Borneo und Sumatra weit verbreitet. Bei den Inselmakropoden, Gattung *Belontia*, handelt es sich um recht große, aber dennoch sehr attraktive und interessante Vertreter der Labyrinthfische, die sich vor allem für die Pflege im geräumigen Artaquarium eignen.

Der Ceylonmakropode gilt – abgesehen von seinem bisweilen aggressiven Verhalten, vor allem in zu kleinen Aquarien – als einfach zu haltende und zu züchtende Art. Der Wabenschwanzmakropode ist hingegen weitgehend friedlich, die erfolgreiche Zucht dieser Art gilt in der Aquaristik aber immer noch eher als Ausnahme.

Die relativ nahe mit den Makropoden im weiteren Sinne verwandten Knurrenden Guramis sind in dem Buch: „Ihr Hobby Guramis und Fadenfische" behandelt (SCHMIDT 1999).

*Fotos zu Malpulutta kretseri: s. S. 14.*

*Fotos zu Belontia hasselti und Belontia signata: s. S. 15.*

Waldbachblüte oder Marmorierter Spitzschwanzmakropode, Malpulutta kretseri; er stammt aus einem kleinen Regenwaldgebiet im Südwesten der Insel Sri Lanka. Hier ein Männchen unter seinem Schaumnest. Der typische Lebensraum der Waldbachblüten, hier im Kottawa Forest, sind die Regenwaldbäche. Sie liegen fast in völliger Dunkelheit – auch tagsüber. Das Wasser ist immer sehr weich und leicht sauer. Großes Foto: G. Ott
**Kleines Foto:** Waldbachblüte, trächtiges Weibchen. 2 Fotos: Schmidt

**14**

Wabenschwanz-
oder Malayen-
makropode,
Belontia hasselti;
er stammt von
der Malaiischen
Halbinsel und
den Sundain-
seln Sumatra
und Borneo. Er
ist trotz seiner
Länge von über
20 cm ein
relativ fried-
licher Fisch.
Foto: J. Schmidt

Ceylon- oder
Kammschwanz-
makropode,
Belontia signata;
er stammt von
der Insel Sri
Lanka. Er gilt
als relativ
aggressive Art,
obwohl dies
sicher nur auf
einzelne Fische
oder auf in zu
kleinen Aqua-
rien gehaltene
Exemplare
zutrifft.
Foto: G. Ott

*Kleiner Knurrender Gurami, Trichopsis pumila. Trichopsis ist nahe mit Macropodus Verwandt. Die Knurrenden Guramis werden jedoch, ebenso wie die Kampffische, Gattung Betta, und die Prachtguramis, Gattung Parosphromenus, in gesonderten Büchern behandelt. Foto: J. Schmidt*

*Gemeinsamer Lebensraum zweier Knurrender Guramiarten, Trichopsis pumila und T. schalleri in Vietnam. Großes Foto: H. Hehl Schallers Knurrender Gurami, Trichopsis schalleri. Kleines Foto: Dr. J. Schmidt*

# Aquarientechnik

Die eingangs erwähnten, sehr unterschiedlichen Lebensräume der verschiedenen Makropodenarten bedingen natürlich auch verschiedene Ansprüche an das Aquarium, die wir jedoch mit der heute zur Verfügung stehenden Technik leicht nachbilden können. Eine ausführliche Besprechung aller einsetzbaren technischen Hilfsmittel würde den Rahmen dieses Buchs bei weitem sprengen. Wir werden daher nur die wichtigsten Geräte erwähnen und die Notwendigkeit ihres Einsatzes erläutern.

## Aquarium

Die Wahl des Aquariums hängt von verschiedenen Faktoren ab. Auf jeden Fall sind die Raumansprüche der zu pflegenden Fischarten zu berücksichtigen, die im Artenteil genauer erläutert werden. Es spielt auch eine Rolle, ob die Fische mit anderen Arten vergesellschaftet werden sollen oder ob der Aquarianer ihnen ein Artaquarium gönnt.

**Tip:** Grundsätzlich gilt für Aquarien: Je größer – desto besser, wobei vor allem die Größe der Oberfläche für Labyrinthfische zählt.

Ob der Paradiesfischfreund sich für ein modernes, mit Silikon geklebtes Glas- oder ein Rahmenaquarium entscheidet, ist nicht zuletzt eine Frage des persönlichen Geschmacks. Bei den heute erhältlichen Rahmenaquarien spielt der Rahmen sowieso meist nur noch eine ästhetische Rolle und hat keinerlei tra-

gende oder stabilisierende Funktion mehr.

> **Achtung:** Beim Kauf eines Aquariums müssen Sie immer darauf achten, daß die Silikonverklebung gleichmäßig und blasenfrei ist.

Einige Gedanken sollten auch an den geplanten Aufstellungsort des Aquariums verwendet werden. Ein Aquarium mit Kies, Steinaufbauten und Wasser kann ein ganz gehöriges Gewicht erreichen. Besonders bei der Verwendung großer Aquarien mit einem Volumen von mehr 200 l muß die Tragkraft des Bodens überprüft werden. Zur Not ist ein Architekt oder Statiker zu Rate zu ziehen. Die höchste Tragfähigkeit wird in der Nähe der Wand erreicht. Soll das Aquarium als Raumteiler oder als Teil eines solchen verwendet werden, so ist diese Überprüfung besonders wichtig.

Auch der Unterschrank oder das Regal, welches das Aquarium tragen sollen, muß ausreichend stabil sein. Die Auflagefläche muß waagerecht sein und das Aquarium sollte auf einer nachgiebigen Unterlage, beispielsweise einer Styroporplatte stehen, die eventuelle Unebenheiten ausgleichen und Spannungen im Glas vermeiden kann.

> **Tip:** Nicht zuletzt sollte die Möglichkeit in Erwägung gezogen werden, dem Aquarium wenigstens zeitweise etwas Sonnenlicht zu gönnen (s. a. Abschnitt Beleuchtung).

Da einige Arten gerne springen, vor allem der Marmorierte Spitzschwanz-makropode, *Malpulutta kretseri*, ist dafür bekannt, die kleinsten Ritzen zielsicher zu finden, muß das Aquarium auch nach oben ausreichend abgedeckt sein. Eine gute Abdeckung verhindert zudem Zugluft über dem Aquarium, die von Labyrinthfischen oft nicht gut vertragen wird.

Sehr attraktiv wirken andererseits offene Aquarien, bei denen die Wasserpflanzen aus dem Aquarium herauswachsen können. Mit Hilfe von Zimmerpflanzen, die um das Aquarium herum arrangiert werden, können richtige kleine tropische Oasen in der Wohnung entstehen. Die Gefahr des Herausspringens der Fische kann bei solchen Aquarien durch eine enge Bepflanzung der Aquarienseiten verringert werden. Auch empfiehlt es sich, das Aquarium nicht bis zum Rand mit Wasser zu füllen, sondern einen ausreichenden Abstand zur Glaskante zu lassen. Dies ermöglicht auch die Ausbildung einer, für die labyrinthatmenden Makropoden wichtigen, warmen und feuchten Luftschicht über der Wasseroberfläche.

Zur Nachzucht werden am besten kleinere Aquarien verwendet oder das Zuchtaquarium wird nur zur Hälfte oder zwei Dritteln mit Wasser gefüllt. Auf diese Weise kann das Aufzuchtfutter für die Jungfische besser konzentriert werden, und auch der Weg zur Wasseroberfläche ist nicht so weit.

> **Tip:** Allgemein gilt: Die Aquariengröße muß zur Größe und Zahl der Bewohner passen.

benschance haben. Diese Jungen entwickeln sich jedoch meist sehr gut.

## Bodengrund

Um die Elternfische möglichst wenig zu stören, empfiehlt sich ein ruhiger Standort des Zuchtaquariums. Solche Aquarien sind oft, vor allem wenn sie der rationellen Aufzucht von Jungfischen dienen, wenig attraktiv. Viele Züchter verzichten zugunsten einer einfacheren Reinigung vollständig auf einen Bodengrund und setzen die Pflanzen in kleine Blumentöpfe, so daß sie auch leicht ausgetauscht werden können.

Selbstverständlich lassen sich Fische aber auch im Wohnzimmeraquarium zur Nachzucht bringen, vor allem wenn sie in einem Artaquarium gehalten werden. Wenn dieses nicht übermäßig dicht besetzt ist, werden gerade die Makropoden auch dort zur Nachzucht schreiten und lassen sich dabei dann sehr schön beobachten. Von den Jungfischen wird dort aber nur ein kleiner Teil eine Überle-

Der Bodengrund dient vor allem den Wasserpflanzen als Wurzelsubstrat und Mineralstoffquelle. Zusätzlich siedeln sich hier auch Bakterien an, die für die Gesunderhaltung des Wassers eine wichtige Rolle spielen. Diese Funktionen kann der Bodengrund aber nur erfüllen, wenn er vom Wasser langsam durchströmt werden kann, ansonsten entstehen schnell anaerobe (sauerstofffreie) Zonen, in denen sich Faulgase bilden und die Wurzeln der Wasserpflanzen absterben.

Zwischenräume in feinerem Kies oder Sand werden sehr schnell durch Mulm verstopft, wodurch der Wasserfluß unterbunden wird. In zu grobem Kies kann ein Teil des Futters zwischen die Steinchen fallen und von den Fischen nicht mehr erreicht werden, was wiederum zu Fäulnisherden Anlaß gibt. Auch Fischeier

Die Lebensräume der Makropoden sind sehr unterschiedlich gestaltet. Hier ein Habitat des Schwarzen Spitzschwanzmakropoden auf Sri Lanka. Das Heimaquarium nach einem solchen Vorbild gestalten zu wollen, wäre illusorisch; allein das feine Bodengrundmaterial würde das Aquarium völlig eintrüben. Dennoch geben die Freiflächen und die Uferpflanzen wertvolle Hinweise für die Gestaltung. Großes Foto: H. Hehl

**Kleines Foto:** Schwarzer Spitzschwanzmakropode Foto: Rehwinkel

oder Jungfische könnten in den Spalten verschwinden, was natürlich gleichfalls unerwünscht ist.

Die Wasserzirkulation im Boden kann durch eine Bodenheizung (s. Abschnitt Heizung) verbessert werden, da hier das im Boden über der Heizung erwärmte Wasser aufsteigt und an anderen Stellen das etwas kühlere Wasser aus dem Aquarium nachsickert. Auf diese Weise wird ständig sauerstoffreiches Wasser zu den Wurzeln der Pflanzen gebracht und die Bildung von Fäulnisherden weitgehend unterbunden.

Scharfkantiges Material darf keine Verwendung finden. Dieses kann beim Einbringen der Pflanzen die Wurzeln beschädigen. Auch Fische, die gründeln oder sich auch gerne einmal an den Einrichtungsgegenständen scheuern, könnten sich Hautverletzungen zuziehen.

Die üblichen Kiessorten sind meist recht hell. Dieses Material reflektiert einen Teil des einfallenden Lichts wieder auf die Unterseite der Wasserpflanzenblätter. Einige Pflanzen scheinen dieses zusätzliche Licht gut nutzen zu können. Diese Substrate erzeugen einen sehr hellen, kalten Eindruck. Gelegentlich wird im Zoofachhandel auch dunkles Bodensubstrat aus Ton oder Lavabruch angeboten, das eine insgesamt wärmere, heimeligere Stimmung erzeugt.

> **Hinweis:** Viele Fische zeigen über einem dunklen Bodengrund kräftigere Farben, über hellem Boden bleiben sie oft recht blaß, da sie so besser getarnt sind und weil sie sich dort oft nicht wohl fühlen.

*Für das Makropodenaquarium bietet es sich an, bereits mit Wasserpflanzendünger versetztes Bodengrundmaterial sparsam zu verwenden, und dieses mit einem dunklen, feinkörnigen Kies zu überschichten. Zunächst wird der Bodengrund mit dem Dünger etwa 3 cm hoch ins Aquarium geschichtet und dieser glattgestrichen. Dann folgt der dunkle Kies von 2 bis 4 mm Körnung, der von vorn 5 cm Höhe, nach hinten bis auf 7 cm Höhe eingebracht und gleichfalls glattgestrichen wird.*

*Nach dem Glattstreichen des Bodengrundmaterials kann zunächst Leitungswasser eingefüllt werden. Dabei ist darauf zu achten, daß der Bodengrund nicht erneut aufgewirbelt wird, damit kein Dünger aus der unteren Schicht ins Wasser gelangt. Dazu kann beispielsweise ein Teller unter den Wasserstrahl gelegt werden, um ihn zu brechen. Anschließend erfolgt die Bepflanzung, am besten mit robusten Arten, da das Aquarium für die meisten Makropodenarten bei Zimmertemperatur betrieben wird.*
*8 Fotos:*
*Dr. J. Schmidt*

Das Wohlbefinden der Fische wird aber im allgemeinen durch die Farbe des Bodengrunds wenig beeinflußt.

Eine reine Geschmacksfrage des Aquarienbesitzers sind hingegen die, vor allem aus dem angloamerikanischen Raum stammenden, grellbunt gefärbten Kiessorten. Den Fischen wird die Farbe wohl weitgehend gleichgültig sein, und den Pflanzen dürfte sie wohl auch nicht schaden. Ob der Aquarianer diese Art der Einrichtungsgestaltung aber einem andern Betrachter zumuten möchte, bleibt ihm selbst überlassen.

Wenn in den Bodengrund ein Dauerdünger eingebracht werden soll, um das Wachstum der Pflanzen zu fördern, so muß dies in der unteren Schicht erfolgen, da diese von wühlenden Fischen kaum erreicht wird. Makropoden graben zwar selbst nicht im Bodengrund, falls sie aber mit gründelnden Fischen, wie beispielsweise Schmerlen vergesellschaftet werden, so ist dies vorab zu bedenken.

**Achtung:** **Mit Wasserpflanzendünger ist sparsam umzugehen. Ein Zuviel kann leicht ein unerwünschtes Algenwachstum zur Folge haben.**

Häufig ist es ausreichend, wenn bei der Einrichtung des Aquariums die untere Kiesschicht nicht ausgewaschen wird. In dem ungewaschenen Kies sind in geringen Mengen Ton und Lehm enthalten, die als Dünger dienen können. Lediglich die obere Schicht wird gründlich gereinigt, um eine Trübung des Wassers weitgehend zu vermeiden.

## Wasser

Die Eigenschaften des Wassers werden von seinen Inhaltsstoffen, vor allem gelösten Salzen bestimmt. Diese liegen in Lösung als Ionen vor und bewirken die elektrische Leitfähigkeit des Wassers, die mit einem einfachen Meßgerät ermittelt werden kann. Eine niedrige Leitfähigkeit bedeutet, daß das Wasser nur wenige Salze enthält. Wasser mit vielen gelösten Substanzen besitzt eine hohe Leitfähigkeit. Dieser Wert sagt allerdings über die Art der Salze noch wenig aus. Am häufigsten vertreten sind Salze, die aus den Säureresten der Salzsäure (Chloride), der Schwefelsäure (Sulfate) und der Kohlensäure (Carbonate) sowie den Metallen Natrium ($Na^+$), Kalium ($K^+$), Calcium ($Ca^{2+}$) und Magnesium ($Mg^{2+}$) bestehen. Calcium und Magnesium gelten als Härtebildner, da ihre Salze Magnesiumsulfat (Gips) und Calciumcarbonat (Kalk) schlecht wasserlöslich sind und mit der Zeit zum Verkalken von Heizelementen, beispielsweise der Aquarienheizung – aber auch der Wasch-, Spül- und Kaffeemaschinen – führen. Wasser, das viele Calcium- und Magnesiumionen enthält, wird daher als „hartes Wasser" bezeichnet. In viele Trinkwasseraufbereitungsanlagen sind Ionenaustauscher integriert, die diese Härtebildner gegen Natriumionen tauschen, sogenannte Teilentsalzer, die mit Kochsalz (Natriumchlorid) regeneriert werden. Hierdurch

*Gutes, weiches Wasser und ein nährstoffreicher Bodengrund sind zwei Voraussetzungen zur erfolgreichen Pflege der empfindlichen* Barclaya longifolia. *Voraussetzungen, die auch der Pflege empfindlichster, an Weichwasser angepaßter Labyrinthfische, wie den Waldbachblüten,* Malpulutta kretseri, *zugute kommen.*
Foto:
H. Gonella

*Ionenaustauscher (oben) und Umkehrosmosegerät (unten) sind zwei Möglichkeiten zur Erzeugung weichen Aquarienwassers, wie es beispielsweise für Zuchtversuche mit den an Weichwasser angepaßten Waldbachblüten,* Malpulutta kretseri, *benötigt wird.*
*Aber Vorsicht: Für die allermeisten anderen Makropoden ist zu weiches Wasser ungünstig. Vor allem Eier und Jungfische reagieren sehr empfindlich auf fehlende gelöste Mineralstoffe oder ungünstige Ionenzusammensetzungen.*
*Fotos: Dr. V. Bydzovsky*

wird zwar die Kalkbildung reduziert, den Fischen und Pflanzen fehlen diese wichtigen Ionen in solcherart aufbereitetem Wasser aber.

Im Wasser vorhandene freie oder überschüssige Säure, also Säurereste, denen keine Metallionen gegenüberstehen, bestimmt den pH-Wert. Dieser kann Werte zwischen 0 (extrem sauer) und 14 (extrem alkalisch) annehmen. Die meisten Fische fühlen sich in neutralem Wasser bei einem pH-Wert um 7,0 am wohlsten. Niedrige pH-Werte treten in der Natur vor allem in sehr weichen Gewässern auf, die beispielsweise durch Falllaub oder Torf mit organischen Säuren angereichert sind, diese Säuren aber nicht durch metallische Ionen neutralisieren können.

Die Eigenschaften des Wassers können mit einfach zu handhabenden, im Handel erhältlichen, Meßreagenzien selbst bestimmt werden. Mit ihrer Hilfe lassen sich pH-Wert und Härtewerte sehr leicht ermitteln. Die Wasserhärte wird durch zwei Werte beschrieben. Bei der Messung der Gesamthärte (dGH) wird die Konzentration der Härtebildner, also vor allem Calcium- und Magnesiumionen, bestimmt. Die Karbonathärte (KH) ist ein Maß für die Konzentration der Carbonate. Normalerweise sollte die Gesamthärte höher als die Karbonathärte sein.

**Achtung:** Durch eine Wasseraufbereitung, bei der Härtebildner gegen Natriumionen ausgetauscht werden, kann die Karbonathärte allerdings höher als die Gesamthärte werden.

Die Wasserwerte spielen für die Pflege der Makropoden eine eher untergeordnete Rolle. Mit weichem bis mittelhartem Wasser kommen alle Arten gut zurecht. Lediglich zur Haltung der spezialisierten Weichwasserarten wie *Belontia hasselti* und *Malpulutta kretseri* oder zur Zucht wird Wasser mit geringer elektrischer Leitfähigkeit und niedrigem pH-Wert benötigt. Bei einem Zuchtversuch muß zudem auf günstige Ionenverhältnisse im Zuchtwasser geachtet werden.

Wer kein geeignetes Leitungswasser zur Verfügung hat, der muß sich Gedanken über die Wasseraufbereitung machen. Gartenbesitzer haben die Möglichkeit, zu diesem Zweck Regenwasser zu sammeln. Dieses Wasser ist sehr weich, aber leider durch die allgegenwärtige Luftverschmutzung stark mit Schadstoffen belastet. Hier kann eine Filterung über Aktivkohle (s. nächsten Abschnitt) weiterhelfen. Eine weitere – wenn vorhanden – geradezu ideale Möglichkeit besteht in der Nutzung von Quellwasser. Dieses ist wie Regenwasser normalerweise sehr weich und auf seinem Weg durch das Erdreich bereits gefiltert und – je nach Quellgebiet – leicht mit gelösten Mineralien angereichert.

Aber auch die Technik bietet Möglichkeiten: Ionenaustauscher sind heute etwas aus der Mode gekommen. Hier gibt es zum einen die schon erwähnten Teilentsalzer, die für die Aquaristik absolut untauglich sind. Vollentsalzer liefern brauchbares Wasser, haben aber den Nachteil, daß sie mit Salzsäure und Na-

tronlauge regeneriert werden müssen, was nicht ungefährlich und außerdem recht aufwendig ist.

Eine bequeme Methode stellt die sogenannte Umkehrosmose dar. Hier wird Leitungswasser unter Druck durch eine Membran gepreßt, die keine Ionen und größere Moleküle außer Wasser durchläßt. Die zurückgehaltenen Ionen werden mit einem Teil des Wasser weggespült. Das erzeugte Wasser ist praktisch härte- und verschmutzungsfrei. Allerdings kann die Osmosemembran durch chloriertes Leitungswasser zerstört werden. Für die meisten Umkehrosmoseanlagen sind daher Vorfilter erhältlich, die Chlor über Aktivkohle entfernen.

Sowohl Regen-, Quell- als auch Osmosewasser enthalten kaum gelöste Salze. Bei alleiniger Verwendung muß daher mit Hilfe käuflicher Salzlösungen eine für die Fische verträgliche Salzkonzentration eingestellt werden. Auch ein Verschnitt mit geringen Mengen Leitungswasser ist möglich.

Eine weitere Möglichkeit zur Wasseraufbereitung stellt die Torffilterung dar. Eine

**Hinweis:**
**Die zuvor erwähnte Trinkwasseraufbereitung kann für ein Scheitern einer Nachzucht verantwortlich sein!**

*Torfwasser kann, wenn nur geringe Mengen erforderlich sind, auch in Eimern aufbereitet werden.*
*Foto: J. Schmidt*

Mit Moorkien-
holz und robu-
sten Pflanzen
wie Javafarn,
Microsorum
pteropus,
können sowohl
gut strukturier-
te als auch ge-
schmackvolle
Aquarien ein-
gerichtet wer-
den, die zu-
gleich die für
die Makropo-
den erforderli-
chen Versteck-
möglichkeiten
aufweisen.
Wichtig ist, daß
die zur Dekora-
tion verwende-
ten Hölzer und
Steine keine
unerwünschten
Inhaltsstoffe an
das Aquarien-
wasser abge-
ben. Beispiels-
weise können
Metalle giftig
sein, aber auch
ungiftige Stei-
ne können das
Wasser in uner-
wünschter Wei-
se aufhärten.
Fotos: Schmidt

meßbare Enthärtung findet allerdings nur bei sowieso schon weichem Ausgangs-wasser statt. Eine höhere Bedeutung hat aber die Anreicherung des Wassers mit Huminsäuren und Mineralstoffen.

In beheizten Aquarium geht immer Was-ser durch Verdunstung verloren. Beson-ders bei den offenen Aquarien spielt die-ser Effekt eine bedeutende Rolle. Um eine schleichende Aufhärtung des Was-sers zu vermeiden, muß das Aquarium immer mit sehr weichem Wasser aufge-füllt werden. Hierzu kann auch destil-liertes Wasser verwendet werden.

## Filterung und Belüftung

Das Aquarium ist ein Lebensraum! Die Lebensvorgänge der Fische, der Pflanzen und natürlich auch der Bakterien bewir-ken die Anreicherung des Wassers mit einer Vielzahl gelöster Substanzen, die den Chemismus des Wassers beeinflus-sen. Unter natürlichen Bedingungen in einem Gewässer stehen die Konzentra-tionen dieser Stoffe und die Lebensvor-gänge in der Regel im Gleichgewicht zueinander und sind durch Kreislaufsy-steme miteinander verbunden. So spei-

chern die Pflanzen – in der Natur vor allem einzellige Algen –, durch ihre Photosyntheseaktivität Sonnenenergie in Form von Biomasse und produzieren dabei mehr Sauerstoff als sie selbst benötigen. Diesen „Abfall-Sauerstoff" wiederum benötigen die Fische und anderen Tiere zur Verwertung des von ihnen aufgenommenen Futters (letztendlich die bei der Photosynthese produzierte pflanzliche Biomasse), um die darin gespeicherte Energie für ihre eigenen Lebensvorgänge zu nutzen. Hierbei setzen sie Kohlendioxid frei, das wiederum von den Pflanzen bei der Photosynthese gebunden wird. Die chemischen Grundbestandteile der tierischen Ausscheidungen werden vor allem von den Bakterien und anderen Mikroorganismen durch Mineralisation den Pflanzen wieder zur Verfügung gestellt. Der Kreislauf ist geschlossen.

Die Verteilung von Wassermenge, Pflanzen- und Tiermasse steht im Aquarium einfach in einem unnatürlichen und ungünstigen Verhältnis zueinander. Wenn wir verhindern wollen, daß sich das Aquarium in kürzester Zeit in eine stinkende Lache verwandelt, müssen wir mit technischen Hilfsmitteln unterstützend eingreifen.

Da selbst der beste Filter die organischen Substanzen aus den tierischen Ausscheidungen sowie von abgestorbenen Pflanzenteilen nicht vollständig entfernen kann, ist die wichtigste pflegerische Handlung des Aquarianers ein regelmäßiger Wasserwechsel. Ein Verfahren zudem, das – nebenbei bemerkt

– auch in der Natur infolge des natürlichen Wasserkreislaufs funktioniert.

Diverse Filtersysteme können den Aquarianer bei der Pflege des Wassers unterstützen. Filter erfüllen dabei vor allem zwei Funktionen: Erstens entfernen sie grobe Schmutzpartikel und halten das Wasser damit klar und zweitens bieten sie mit der großen Oberfläche des Filtersubstrats eine Ansiedlungsfläche für Bakterien, die zumindest einen Teil der tierischen Ausscheidungen mineralisieren können.

Gängige Filtermaterialien bieten eine große Oberfläche. Häufig werden Filterwatte, Schaumstoffpatronen oder -matten, Keramikröhrchen oder andere poröse Materialien verwendet. Je nach Filterart und -größe können unterschiedliche Standzeiten erreicht werden. Wenn das Wasser immer spärlicher aus dem Filter rinnt, ist dies ein Zeichen, daß die Filterkapazität erschöpft ist. Dann muß der Filter gereinigt werden. Normalerweise ist das Filtermaterial mehrmals zu verwenden, wenn es unter fließendem Wasser von grobem Schmutz befreit und kräftig ausgewaschen wird.

Besondere Filtermaterialien sind Filtertorf und Aktivkohle. Torf wird häufig in zwei Formen angeboten, Fasertorf und Torfgranulat. Vor allem letzteres wird häufig eingesetzt, um das Wasser weich zu machen und den pH-Wert zu senken. Bei hartem oder mittelhartem Wasser ist der Effekt aber eher gering. Immerhin wird das Aquarienwasser mit Huminsäuren angereichert, was gerade Labyrinthfische recht gerne mögen.

**Achtung:** So gut der ökologische Kreislauf in der Natur funktioniert, im Aquarium ist er kaum zu simulieren.

**Tip:** Es gilt: je größer der Filter, das heißt je größer die Ansiedelungsfläche für Bakterien im Filtermaterial, desto wirksamer ist ein Bio-Filter. Schnellfilter dienen in erster Linie als Partikelfilter, Langsam- als bakterielle Entgiftungs-, also Bio-Filter.

Auch wenn Ceylonmakropoden, Belontia signata, *zu den robusten Aquarienfischen zählen,* benötigen sie *zur Zucht gute Wasserbedingungen.* Foto: Dr. J. Schmidt

**Hinweis:** Bei sehr weichem Wasser muß der pH-Wert bei Torffilterung regelmäßig kontrolliert werden, denn das Risiko einer zu starken pH-Wert-Absenkung ist groß.

Aktivkohle wird neugekauften Filtern oft als Filtermaterial zugegeben. Dieses Material besitzt eine sehr große Oberfläche, die viele chemische Substanzen leicht adsorbieren kann. Im normalen Filterbetrieb sollte Kohle nicht eingesetzt werden, da von ihr auch viele nützliche Substanzen gebunden werden. Sollen jedoch zum Beispiel Reste von Medikamenten nach einer Behandlung der Fische entfernt werden, dann ist Aktivkohle das ideale Medium.

Der Transport des Aquarienwassers durch den Filter kann entweder mit Luft aus einer Membranpumpe oder mit einer elektrischen Pumpe erfolgen. Die luftbetriebenen sind für Labyrinthfischaquarien weniger gut geeignet, da sie meist eine zu heftige Bewegung der Wasseroberfläche bewirken. Labyrinthfische decken ihren Sauerstoffbedarf über die Atmung atmospärischer Luft und benötigen daher keine allzu hohe Sauerstoffsättigung des Aquarienwassers. Auch der obligatorische Sprudelstein, ist daher in einem Aquarium für Makropoden oder auch andere Labyrinthfische nicht angebracht. Eine starke Wasserbewegung stört sie zudem bei der Fortpflanzung, da die Schaumnester hierdurch leicht beschädigt oder gar zerstört werden können. Auch bei den Motorfiltern muß darauf geachtet werden, daß der Filterauslauf die Wasseroberfläche nicht zu sehr bewegt. Wenn möglich, wird er in eine Ecke des Aquariums gerichtet, so daß ein allzu heftiger Strahl gebrochen wird.

Wenn das Aquarium nicht zu dicht besetzt und regelmäßig ein Teilwasserwechsel durchgeführt wird, dann kann bei Labyrinthfischen eventuell sogar ganz auf eine Filterung verzichtet werden.

## CO$_2$-Düngung

Viele Aquarianer setzen zur Förderung des Pflanzenwuchses eine CO$_2$-Düngung ein. Hierbei besteht jedoch die Gefahr, daß sich über der Wasseroberfläche eine CO$_2$-Schicht ausbildet. Da die Labyrinthfische dort ihren Sauerstoffbedarf decken, kann eine solche Schicht zum Ersticken der Fische führen. Auf eine ausreichende Belüftung der Wasseroberfläche muß daher streng geachtet werden! Bei Wasser mit niedrigen Härtegraden muß auch der pH-Wert sorgfältig überprüft werden. Wenn sich Kohlendioxid in Wasser löst, entsteht Kohlensäure, die in weichem Wasser nicht ausreichend abgepuffert wird, wodurch der pH-Wert leicht in stark saure Bereiche absinken kann.

## Heizung

Wie oben erwähnt, haben die verschiedenen Makropodenarten recht unterschiedliche – im Artenteil genau beschriebene – Temperaturbedürfnisse, die wir mit den heute üblichen elektronisch geregelten Heizgeräten leicht befriedigen können.

Die einfachste und preisgünstigste Variante stellen die Stabregelheizer dar. Bei diesen sind Regler und Heizelement in einem Gerät zusammengefaßt, das einfach in das Aquarium gehängt wird. Im Handel finden sich eine ganze Reihe unterschiedlicher Geräte. Wichtig ist, daß man sich für einen Heizer mit einem Prüfsiegel (TÜV, GS) entscheidet. Bei manchen Außenfiltersystemen (s. o.) ist der Heizstab in den Filterbehälter integriert.

*Sandiger Bodengrund mit zahlreichen Laub- und Holzeinlagerungen – dieser Lebensraum von Malpulutta kretseri im Kottawa Forest auf Sri Lanka kann als Vorbild für andere ebenfalls Weich- und Sauerwasser-Biotope, etwa von Prachtguramis oder schlanken Kampffischen betrachtet werden. Großes Foto: G. Ott*

*Waldbachblüten, Malpulutta kretseri, hier ein Paar, laichen gerne unter Blättern. Kleines Foto: H.-J. Richter*

Paradiesfische lieben es, eine „Sommerfrische" im Teich im Garten abzuhalten. Hier entwickeln sich die Fische besonders prächtig. Selbstverständlich braucht ein solcher Teich nicht beheizt zu werden. Gabelschwanzmakropode in der „Sommerfische". Großes Foto: Dr. T. Seehaus Rundschwanzmakropode Foto: J. Schmidt

**Achtung:**
Die Spitze des Heizgeräts darf nicht in den Bodengrund gesteckt werden, da es dann durch mangelnde Wärmeableitung zu Spannungen und Sprüngen im Glas kommen kann.

Meistens wird versucht, den Stabheizer durch Einrichtungsgegenstände, wie Steine oder Wurzeln, oder auch durch die Bepflanzung vor den Blicken der Betrachter zu verbergen. Dabei muß darauf geachtet werden, daß der Heizer vom Wasser ungehindert umspült werden kann.

Auf keinen Fall dürfen Steine oder andere schwere und spitze Gegenstände auf ihn gelegt werden. Dies kann zum Platzen der dünnen Glaswand führen, dann besteht die Gefahr eines lebensgefährlichen Elektroschocks!

Einen weiteren Typus der Heizung stellt die Bodenheizung dar. Sie besteht aus einem Heizkabel, das in Schleifen im Bodengrund verlegt wird. Die Regulierung der Temperatur geschieht über ein Steuergerät, das sich außerhalb des Aquariums befindet. Es muß nur noch ein Temperaturfühler im oder am Aquarium angebracht werden. Dieses System besitzt zwei Vorteile gegenüber dem klassischen Stabheizer. Erstens arbeitet die Heizung im Verborgenen, lediglich das Stromkabel muß aus dem Aquarium geführt werden, wodurch der optische Eindruck weniger gestört wird. Zweitens entsteht durch das im Bodengrund erwärmte, aufsteigende Wasser eine Zirkulation, die den Pflanzenwurzeln sauerstoffreiches Wasser zuführt und somit verhindert, daß sich anaerobe (sauerstofffreie) Zonen ausbilden.

Ähnlich arbeitet die Heizmatte. Hierbei ist das Heizelement in einer flachen Matte untergebracht, die unter dem Aquarium liegt. Auf diese Weise müssen gar keine stromführenden Teile mehr in das Aquarium eingebracht werden, was die Sicherheit sehr erhöht. Wichtig ist hierbei, daß die Heizmatte auf eine Styroporplatte der gleichen Größe wie die Aquariengrundfläche gelegt, und darauf dann das Aquarium plaziert wird. So werden zum einen Spannungen in der Grundplatte des Aquariums durch ungleichmäßige Gewichtsverteilung verhindert, zum anderen geht keine Wärme verloren. Die Regulierung der Temperatur geschieht analog zur Bodenheizung.

## Beleuchtung

Auch die Beleuchtung spielt natürlich für das Aquarium eine wichtige Rolle. Für das Wachstum der Pflanzen ist sie von ausschlaggebender Wichtigkeit. Der – wie bereits dargelegt – auch für Gesunderhaltung des Wassers wichtige Vorgang der Photosynthese läuft nur unter Lichteinfluß ab. Der Aquarianer muß daher für eine ausreichende Beleuchtung der Pflanzen sorgen. Neben der Leuchtdauer, die leicht über eine Zeitschaltuhr geregelt werden kann, spielt auch die Qualität des Lichts eine Rolle. Findige Bastler unter den Aquarianern haben sicher schon alles zur Illumination verwendet, was Licht erzeugen kann.

Für die Lebensvorgänge im Aquarium ist aber nach wie vor das Sonnenlicht am besten. Probleme bestehen meist darin, einen geeigneten Standort für das Aquarium zu finden. Allzu reichlicher Einfall von Sonnenlicht führt bald zu einer starken Algenbildung an den Scheiben, wodurch die Freude am „Teich im Glase"

doch stark getrübt wird. Wie so oft hilft auch hier ein Kompromiß. Kann das Aquarium so aufgestellt werden, daß es in den Abendstunden noch etwas Sonnenlicht erhält, wird allzu starker Algenwuchs unterbleiben und der Aquarianer kommt in den Genuß, seine Fische einmal in „anderem Licht" zu sehen. Viele Fische, die in dem grellen Licht der Leuchtstoffröhren blaß und unscheinbar wirken, erstrahlen durch seitlich einfallendes Licht in prächtigen Farben.

Apropos grelles Licht: Gerade auch viele Labyrinthfische lieben etwas gedämpftes Licht und eine Deckung nach oben – in der Natur sicher ein Schutzverhalten, um sich vor fischfressenden Vögeln zu verbergen. In zu stark strahlendem Licht werden sie nach einem Unterschlupf suchen und sich scheu zwischen den Pflanzen verbergen. Durch Schwimmpflanzen läßt sich das Licht der Beleuchtung dämpfen. Die Labyrinthfische halten sich dann oft unter diesen Pflanzen auf und bauen dort auch bevorzugt ihre Schaumnester.

Eine intensive Beleuchtung fördert das Pflanzenwachstum, behagt den Fischen aber meist nicht. Einige Schwimm- oder flutende Stengelpflanzen unter dem Lichtkegel der HQI-Leuchte dämpfen das intensive Licht ein wenig. Mit der Anfangsbepflanzung wirkt ein solches Aquarium noch recht kahl, doch wachsen die Pflanzen sehr schnell. Ein solches großes Aquarium ist hervorragend für Makropoden der Gattungen Belontia und Macropodus geeignet.
Foto: Dr. J. Schmidt

Im Handel gibt es eine ganze Reihe mehr oder weniger brauchbarer Beleuchtungssysteme. Am gebräuchlichsten sind sicher Aquarienabdeckungen aus Aluminium, Holz oder Kunststoff, die mit Leuchtstoffröhren bestückt sind. Diese sind passend zu den Abmessungen der handelsüblichen Aquarien zu bekommen. Je nach Größe enthalten sie ein oder zwei Röhren. Beim Kauf handelt es sich meist um normale Leuchtstoffröhren, wie sie auch für die Raumbeleuchtung Verwendung finden. Eine ganze Reihe von Pflanzen kommt mit dem Licht dieser Röhren recht gut zurecht. Empfindlichere Wasserpflanzen benötigen allerdings Licht, das dem Sonnenlicht besser angepaßt ist. Im Fachhandel sind eine Anzahl von – teilweise allerdings recht teuren – Spezialröhren für die Aquaristik erhältlich, die in der spektralen Zusammensetzung dem Sonnenlicht recht nahe kommen.

Bei offenen Aquarien müssen Hängelampen zur Beleuchtung verwendet werden. Hier können ebenfalls Leuchtstoffröhrensysteme eingesetzt werden, die aber im Vergleich zu einer normalen Abdeckung deutlich mehr Leuchtkraft aufweisen müssen, da durch den größeren Abstand zur Wasseroberfläche viel Licht verloren geht. Als zweiter Lampentyp können die sogenannten Quecksilber-

dampflampen zum Einsatz kommen, die über eine höhere Leuchtkraft verfügen und dem Sonnenlicht recht nahe kommen. Diese Lampen sind auch deshalb sehr reizvoll, da sie mit ihrem Leuchtkegel Licht- und Schatteneffekte im Aquarium erzeugen und auf diese Weise das Aquarium viel lebhafter gestalten können. Röhrensysteme erzeugen eine eher flächige – oft etwas langweilig wirkende – Ausleuchtung des Aquariums.

Bleibt noch die Beleuchtungsdauer zu besprechen: Der Tropentag ist ziemlich genau zwölf Stunden lang, deshalb sollten die Schaltzeiten der Lampen dieser Zeit einigermaßen entsprechen. Die meisten Aquarianer werden die Regelung einer Zeitschaltuhr überlassen. Gerade bei Aquarien, die in Wohnräumen stehen, ist es jedoch eher unschön, wenn jeden Abend zur selben Zeit mit einem Schlag alle Lichter erlöschen, während der Betrachter vielleicht noch gemütlich mit einem Glas Wein vor dem Aquarium sitzt. Selbstverständlich hat auch hier die Industrie mit speziellen Reglern Abhilfe geschaffen, welche die Lichter morgens langsam heller und abends langsam dunkler werden lassen: Sozusagen die Simulation von Sonnenauf- oder -untergang. Für die Fische ist dies sicher auch angenehmer als sich schlagartig ändernde Lichtverhältnisse.

*Moorkienholz und anspruchslose Pflanzen, die mit einer schwachen Beleuchtung auskommen, sind ideal, was auch den Ansprüchen des Paradiesfischs,* Macropodus opercularis, *sehr entgegen kommt. Fotos: Schmidt*

Die Lebensräume der Fische sind selbst in der Tropenregion nur selten intensivem Licht ausgesetzt. Vor allem große Bäume, aber auch Ufergewächse beschatten das Gewässer. Im abgebildeten Habitat, in einer Gummiplantage, auf Sri Lanka leben verdriftete Waldbachblüten, Malpulutta kretseri. Im Wasser selbst sind – abgesehen von wenigen Algen – keine echten Wasserpflanzen zu sehen. Lediglich die Zweige und Ausläufer der Uferpflanzen reichen weit ins Wasser hinein.
Großes Foto: H. Hehl
Kleines Fotos: Dr. J. Schmidt

*Schwarze Makopoden, Macropodus concolor, hier ein junges Weibchen der Fundortform von Hue in Vietnam, fühlen sich nur in dicht bepflanzten Aquarien wohl. Bei dieser Form ist ein optimales Pflanzenwachstum eine wesentliche Voraussetzung für den Zuchterfolg. Foto: Dr. J. Schmidt*

## Wasserpflanzen

Zum Einsatz geeigneter Wasserpflanzen im Paradiesfischaquarium und zur Auswahl – möglichst südostasiatischer Arten – gibt es umfangreiche Literatur, so daß hier nur kurz darauf eingegangen wird. Glücklicherweise gibt es keine ausgesprochenen Pflanzenfresser unter den Makropoden. Gerade deshalb kann das „typische" Makropodenaquarium ein dicht bepflanztes grünes Aquarium sein. Tatsächlich bereitet es Freude, die Fische in einem schön eingerichteten Aquarium zu betrachten.

Für das mit Makropoden besetzte sogenannte Biotopaquarium kommen naturgemäß nur Pflanzen aus Südostasien infrage. Die meisten sogenannten Biotopaquarien müßten besser Regionalaquarien genannt werden, weil ja oft Organismen aus einem bestimmten geographischen Raum zusammengebracht werden, die dennoch nicht im gleichen Habitat anzutreffen sind. Für das Makropodengesellschaftsaquarium, wobei „Gesellschaft" auch im Sinne der Wasser- und Sumpfpflanzen gemeint ist, sind zahlreiche Arten geeignet, die im ständigen Angebot zu finden sind.

**Hinweis: Für das Makropodenaquarium sind alle robusteren Wasserpflanzenarten geeignet.**

Geeignete südostasiatische Arten enthalten vor allem die Gattungen: Schwimmfarne, *Ceratopteris* spp., Wasserkelche, *Cryptocoryne* spp., Wasserfreunde, *Hygrophila* spp., und Seerosen, *Nymphaea* spp.; zudem der Javafarn, *Microsorum pteropus*, und das Javamoos, *Vesicularia dubyana*. Viele Pflanzen dieser Gattungen passen gut in Regionalaquarien für Makropoden und stellen sehr ähnliche Anforderungen an die Wasserqualität wie die Fische. Sie sind deshalb hervorragend für Gesellschaftsaquarien geeignet.

## Javamoos, *Vesicularia dubyana*

Von den zahlreichen für Labyrinthfischaquarien geeigneten asiatischen Pflanzen ist insbesondere das Javamoos zu nennen, denn es gehört zu den nahezu unverzichtbaren Arten, da es als Bewuchspflanze schlechthin dient. Das Javamoos ist relativ anspruchslos, es ist mit nahezu allen Wasserqualitäten zufrieden und benötigt nur wenig Licht. Zuviel Mulm im Aquarium, der sich auf den zarten Blättchen ablagert, oder das Veralgen der Triebe verträgt das Javamoos hingegen nicht. Manche Makropoden beziehen das Javamoos gerne in ihre Nester ein und in die dichten Moospolster ziehen sich gerne verfolgte Fische zurück. Zudem fördert das Moos die Entwicklung der Jungfische, denn oft kommen in den Moospostern ohne Zutun des Aquarianers sogar in gering besetzten Gesellschaftsaquarien Jungfische auf. Das Moos kann frei im Aquarium fluten

oder auf Dekorationsgegenständen befestigt werden. Als Dekorationselement und als Aufzuchthilfe für die Jungfische ist das Javamoos in kaum einem Labyrinthfischaquarium verzichtbar.

## Flutendes Teichlebermoos, *Riccia fluitans*

Das Flutende Teichlebermoos übernimmt eine ähnliche Funktion wie das Javamoos am Boden, aber als Schwimmpflanze an der Wasseroberfläche. Dieses Moos veralgt aber leicht und kann deshalb nur in mäßig beleuchteten Aquarien überdauern. Auch eine Konkurrenz mit Wasserlinsen des Gattung *Lemna* verträgt das Teichlebermoos auf Dauer nicht.

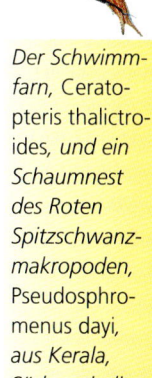

## Schwimm- oder Sumatrafarn, *Ceratopteris* spp.

Ebenso wichtig wie die Moose sind die Schwimmfarne der Gattung *Ceratopteris*. Sie dienen wie das Moos dem Schutz der Jungfische, sind aber auch als Stützelemente für die Schaumnester wichtig. Insbesondere der Sumatrafarn, *Ceratopteris thalictroides*, hat sich zudem als starker Stickstoffzehrer in unseren Aquarien als „lebender Filter" bewährt. Außerdem lieben alle Makro-

poden schattige Bereiche im Aquarium, die von den Schwimmfarnen hervorgerufen werden.

Der Farn kann ebenso am Boden verankert werden, denn er wächst auch unter Wasser gut. An den großen Wedeln bilden sich kleine Kindel, so daß die Vermehrung des Farns ohne Zutun des Aquarianers erfolgt. Damit sich der Farn gut entwickeln kann, müssen mindestens zehn Zentimeter Raum zwischen der Wasseroberfläche und der Deckscheibe frei und mit temperierter Luft gefüllt sein. Dies entspricht jedoch auch den Ansprüchen der Paradiesfische.

## Schwimmfarne, *Salvinia* spp.

Schwimmfarne der Gattung *Salvinia* sind ebenfalls gut geeignet. Sie verdrän-

*Der Schwimmfarn,* Ceratopteris thalictroides, *und ein Schaumnest des Roten Spitzschwanzmakropoden,* Pseudosphromenus dayi, *aus Kerala, Südwestindien. Foto: F. Schäfer*

*Schwimmfarne,* Salvinia spp., *sind im Hinblick auf Pilzerkrankungen bedauerlicherweise sehr empfindlich, ansonsten aber ideale Schwimmpflanzen fürs Paradiesfischaquarium. Foto: Dr. J. Schmidt*

**Hinweis:**
Viele Wasser-
kelche lassen
sich gut in
Pflanztöpfen
unterbringen
und so in den
Zuchtaquarien
leichter
umquartieren.

gen unerwünschte Wasserlinsen und sind bei zu starkem Wachstum besser aus dem Aquarium zu entnehmen, da die Schwimmblätter des Farns girlandenartig wachsen, also aneinander hängen. Schwimmfarne besitzen allerdings symbiotische Blaualgen im Farnwedelinneren, die unter bestimmten Bedingungen, die noch nicht genau bekannt sind, aus den Wedeln entweichen und die Wasseroberfläche überwuchern können.

Wie der Sumatrafarn benötigt auch *Salvinia* einen Freiraum zwischen Wasseroberfläche und Deckscheibe; hier genügen jedoch 7 cm. Spritz- und Tropfwasser sowie eine zu starke Wasserbewegung – zumindest an der Oberfläche – verträgt *Salvinia* ebenfalls nicht.

### Java- oder Schwarzwurzelfarn, *Microsorum pteropus*

Der Javafarn wächst unter der Oberfläche. Er wächst langsamer als die zuvor genannten Farne, kommt aber mit geringen Lichtmengen aus, und ist gut als Bewuchs auf Dekorationselementen wie Steinen und Moorkienholz geeignet.

*Der Javafarn, Microsorum pteropus, ist robust und stellt geringe Ansprüche an die Beleuchtung. Foto: Y. Tavernier*

### Wasserfreunde, *Hygrophila* spp.

Die verschiedenen Wasserfreundarten der Gattung *Hygrophila* haben sich ebenfalls für die Pflege in Makropodenaquarien bewährt. Bei entsprechender Düngung, $CO_2$-Versorgung und Beleuchtung sind sie äußerst wuchsfreudig und somit auch zur Wasserreinhaltung und zum „einfahren" neu eingerichteter Aquarien wichtig.

### Wasserkelche, *Cryprocoryne* spp.

In der Praxis hat sich gezeigt, daß in Aquarien mit Wasserkelchen ein Mulmanteil auf dem Bodengrund das Wachstum der Pflanzen fördert. Wenn sich allerdings zuviel Mulm ansammelt, dann sterben die Pflanzen ab und es kommt zur gefürchteten Cryptocorynenfäule. Deshalb ist es wichtig, daß der Mulmanteil ein gewisses Maß nicht überschreitet, aber trotz Mulm brauchen auch Wasserkelche regelmäßige Teilwasserwechsel! Wasserkelche sind für die Fische von untergeordneter Bedeutung, weil sie nur langsam wachsen und deshalb dem Wasser kaum Schadstoffe zu entziehen vermögen. Als schöne und dekorative Pflanzen sind sie für die Aquarianer um so wichtiger. Es gibt Wasserkelche mit unterschiedlichsten Ansprüchen. Für das neu eingerichtete Makropodenaquarium und für Zuchtbehälter ist lediglich *C. beckettii* zu empfehlen, für Schauaquarien eignen sich zahlreiche weitere Wasserkelcharten.

## Seerosen, *Nymphaea* spp.

Nicht zuletzt müssen in einem Buch, das von schaumnestbauenden Fischen handelt, Schwimmblattpflanzen, insbesondere See- und Teichrosen, genannt werden. Für das Makropodenaquarium ist *Nymphaea lotus* eine geeignete Art. Die

Tigerlotus kann gegebenenfalls im Topf eingepflanzt werden und benötigt einen nährstoffreichen Bodengrund, eine $CO_2$-Düngung sowie viel Licht.
Ihre Unterwasserblätter sind als Dekorationselement im Aquarium wichtig, die Schwimmblätter unterstützen den Schaumnestbau der Labyrinthfische.

## Speerblätter, *Anubias* spp.

Obwohl es sich bei den Speerblättern um afrikanischen Wasserpflanzen handelt, möchten viele Aquarianer nicht auf diese attraktiven, robusten und mit sehr wenig Licht auskommenden Pflanzen verzichten. Die in der Aquaristik häufigste und verbreitetste Speerblattart ist *Anubias barteri* mit zahlreichen Varietäten. Das

*Wendts Wasserkelch, Cryptocoryne wendtii, zählt zu jenen Pflanzen, die sehr gut ins bereits eingefahrene Labyrinthfischaquarium eingefügt werden können.
Foto: Y. Tavernier*

*Seerosenblätter werden von den Schaumnestbauenden Makropoden gerne zur Stützung oder als Sichtschutz für die Schaumnester genutzt.
Die hier abgebildete Nymphaea alba ist allerdings nur für große Kaltwasseraquarien geeignet.
Foto: J. Schmidt*

Zwergspeerblatt, *Anubias barteri* var. *nana*, kann – obwohl es eine Sumpfpflanze ist – dauerhaft unter Wasser gepflegt werden, benötigt wenig Licht und verträgt auch saures Wasser. Es ist deshalb als Vordergrundpflanze ideal. Speerblätter dürfen nicht eingepflanzt werden, am besten werden sie auf rauhem kalkfreiem Gestein oder auf Moorkienholz befestigt, woran sie nach einiger Zeit festwachsen.

### Amazonasschwertpflanzen, *Echinodorus* spp.

Südamerikanische Pflanzen werden von manchen „Puristen", die ausschließlich asiatische Pflanzenarten mit ihren Makropoden vergesellschaften wollen, nicht verwendet. Da es sich aber bei einigen von ihnen um sehr gute Aquarienpflanzen handelt, sind diese hier dennoch zu erwähnen.

Die meisten dieser Arten leben als Sumpfpflanzen amphibisch, können aber auch dauerhaft unter Wasser gehalten werden. Einige großwüchsige Arten müssen aus dem Aquarium herauswachsen können, wenige sind echte Wasserpflanzen, die ständig submers leben.

Die meisten Schwertpflanzen werden recht groß und sind deshalb nur in großen Aquarien unterzubringen. Es gibt jedoch auch klein bleibende Arten, die

bei genügender Beleuchtung sogar für die Vordergrundbepflanzung geeignet sind. Ansonsten lassen sich die meisten *Echinodorus*-Arten unter den üblichen Aquarienbedingungen und auch im Weichwasser gut pflegen.

### Sumpfschrauben, *Vallisneria* spp.

Sumpfschrauben sind in den tropischen Regionen nahezu weltweit verbreitet und gleichfalls für Makropodenaquarien gut geeignete Wasserpflanzen. Vor allem, wenn die Blätter an der Wasseroberfläche fluten.

*Sumpfschrauben sind robuste und vermehrungsfreudige Aquarienpflanzen. Die hier abgebildete* Vallisneria americana *zeigt, wie die Blätter für die Schaumnestbauer ideal an der Oberfläche fluten.*
*Foto:*
*B. Kahl*

# Verhalten

Alle Makropoden – im weiteren, aquaristischen Sinne – sind revierbildend und brutpflegend. Zwischen den Männchen, teils auch bei den Weibchen, sind Auseinandersetzungen also unvermeidbar. Diese sind gewöhnlich nur von kurzer Dauer und werden in größeren, versteckreichen Aquarien meist nur mit geringem Nachdruck geführt; in der Regel gerade genug, um sich Respekt zu verschaffen. Beim Breitseitenimponieren, dem Drohen oder Balzen, werden alle Flossen gespreizt und die schönsten Farben gezeigt, aber nur die echten Makropoden spreizen auch die Kiemendeckel ab.

## Reviergründung- und Balz

Das Reviergründungs- und Balzspektakel ist wunderschön anzuschauen und endet meist damit, daß der Unterlegene rechtzeitig die Flucht ergreift. Sind die Kontrahenten etwa gleichstark, so sind bei den aggressiveren *Macropodus*-Arten und bei *Belontia signata* größere Schuppen- oder Flossenschäden allerdings unvermeidbar. Deshalb ist es wichtig, daß nicht zu viele Männchen auf die zur Verfügung stehenden Weibchen kommen und alle gegründeten Reviere in akzeptabler Weise nebeneinander existieren können. Dies ergibt sich

*Hier imponiert ein Paradiesfischmännchen, Macropodus opercularis, vor seiner Partnerin, die bereits in der helleren, beschwichtigenden Balzfärbung erscheint. Die Flossen werden weit gespreizt und dem Weibchen präsentiert. Auch die Kiemendeckel werden abgespreizt, oft aber nur auf jener Seite, auf der das Weibchen oder der Kontrahent schwimmt. Fotos: B. Kahl*

**41**

**Foto S. 43:**

*Die Paarung der Makropo-den, hier beim Paradiesfisch, erfolgt in der für alle Laby-rinthfische und auch für viele andere Fische typischen Umschlingung. Bei den* Macro-podus-*Arten ist die Umschlin-gung während der Paarung allerdings U-förmig, aber „verkehrther-um", nach unten offen – im Gegensatz zu den Kampf-fischen der Gattung* Betta, *bei denen die Umschlingung meist kreisför-mig geschlos-sen ist. Foto: B. Kahl*

meist von selbst, wenn alle Aquarienbewohner bereits als junge Exemplare zum gleichen Zeitpunkt eingesetzt werden. *Belontia hasselti, Malpulutta kretseri* und die *Pseudosphromenus*-Arten sind vom Grundsatz her friedlicher und lassen sich leichter mit Artgenossen gemeinsam pflegen als die oben genannten Arten. Das Hinzusetzen eines neuen Fischs sorgt hingegen nahezu immer für einige Aufregung im Aquarium, die so lange anhält, bis die Reviere neu abgesteckt wurden und jeder sein bevorzugtes Versteck gefunden hat.

Alle in diesem Buch vorgestellten Makropoden sind Schaumnestbauer, wobei vor allem von den Männchen der *Belontia*-Arten oft nur wenige Blasen angefertigt werden. Das Balzverhalten ist eher ruhig und bei den meisten Vertretern aller Makropodenarten oft nahezu aggressionsfrei, wodurch sie sich beispielsweise deutlich vom bekannten Siamesischen Kampffisch, *Betta splendens*, unterscheiden. Die Männchen der *Macropodus*-Arten können Konkurrenten und den Weibchen gegenüber allerdings zeitweise auch äußerst aggressiv sein. Bei den Spitzschwanzmakropoden und den Waldbachblüten ist es keine seltene Erscheinung, daß mehrere Männchen zur gleichen Zeit in verschiedenen Bereichen eines größeren Aquariums Schaumnester anlegen und währenddessen recht aktiv sind. So etwas ist bei den Paradiesfischen und den *Belontia*-Arten allerdings fast undenkbar, es sei denn, es stehen riesige Aquarien zur Verfügung.

## Fortpflanzung

Für die gezielte Zucht reicht für *Malpuluta kretseri* und die *Pseudosphromenus*-Arten jeweils ein kleines Aquarium ab etwa 20 l aus, dessen Wasser vorzugsweise die gleichen Eigenschaften (wie im Artenteil beschrieben) aufweisen sollte. *Macropodus*-Arten brauchen etwa 60 l und für die *Belontia*-Arten sollte kein Aquarium unter 150 l Inhalt für den Zuchtansatz ausgewählt werden. Die Wassertemperatur wird auf 26 bis 28 °C angehoben, für *M. ocellatus* genügen 22 bis 24 °C. Die Wasseroberfläche wird mit ein paar Schwimmpflanzen versehen, ein umgestülpter Blumentopf und – für die kleineren Arten – eine leere schwimmende Filmdose dienen als Verstecke; Bodengrund ist überflüssig. Stattdessen werden ein Bogen schwarzes Papier unter das Aquarium gelegt und eventuell drei Seiten mit weiteren Bögen zugeklebt, um den Fischen die nötige Sicherheit zu vermitteln. Auf einen Filter kann verzichtet werden oder es ist vielleicht ein kleiner Innenfilter zu installieren, der nur eine ganz schwache Strömung verursacht und die Wasseroberfläche nicht in Bewegung versetzt. Dies würde den erfolgreichen Schaumnestbau nur stören oder gar völlig unterbinden. Wird ein Filter eingesetzt, so ist die Ansaugöffnung mit einem feinen Gewebe oder einer Schaumstoffilterpatrone zu sichern, um ein späteres Einsaugen von Jungfischen zu vermeiden.

Ein trächtiges Weibchen ist bei allen Arten anhand seiner rundlichen Formen,

*Nach der Paarung öffnet das Männchen langsam die Umschlingung, hier bei den Waldbachblüten,* Malpulutta kretseri. *Bei ihnen sind die Eier schwerer als Wasser und sinken zu Boden. Sie werden von beiden Partnern mit dem Maul eingesammelt und ins Schaumnest gebracht. Die spätere Brutpflege übernimmt aber das Männchen allein. Bei den Waldbachblüten kommt es gelegentlich vor, daß die gerade freischwimmenden Jungen von den Eltern als Futter betrachtet werden. Foto: H.-J. Richter*

den kürzeren Flossen, der helleren Körperfärbung und der gelegentlich sichtbaren weißen Genitalpapille zu erkennen. Nachdem beide Partner zusammengesetzt wurden, ist viel Geduld gefragt, bis die beiden sich zum Ablaichen entschließen. Das Männchen sucht eine geeignete Stelle für den Bau des Schaumnests, bevorzugt unter den Blättern einer Schwimmpflanze, und gewöhnlich in einer Ecke des Aquariums aus. Das Nest ist vor allem bei jungen, unerfahrenen Männchen nur klein. Vor allem bei *Malpulutta* und *Pseudosphromenus* wird es bevorzugt in einer Höhle in Wasseroberflächennähe errichtet. Es folgt die Balz mit aufgestellten Flossen, intensiv vibrierenden Brustflossen, gekrümmtem Körper und intensivierten Farben. Da das Weibchen anfangs noch aggressiv vom Männchen ver-

trieben wird, beschwichtigt es seinen Partner, indem es die Flossen anlegt und den Körper in eine schräge Haltung versetzt. Bei den einzelnen Arten können jeweils spezielle Beschwichtigungs- und Balzelemente auftreten.

Schließlich dirigiert das Männchen seine Partnerin zum Schaumnest. In der ersten Balzphase kommt es zu einigen Scheinpaarungen, wobei noch keine Eier und Spermien abgegeben werden. Das eigentliche Ablaichen erfolgt in typischer Weise, indem das Weibchen umschlungen und auf den Rücken gedreht wird. Über einen Zeitraum von mehreren Stunden kommt es zu zahlreichen echten Paarungen durch Umschlingungen. Die Eier schweben bei den *Belontia*- und *Macropodus*-Arten im Wasser oder steigen selbsttätig zur Oberfläche auf (Schwebeier). Bei diesen Arten sind die Eier durchsichtig gla-

sig bis blaß-weißlich (bei *B. hasselti* allerdings bernstein-gelb). Bei den anderen Arten liegen die befruchteten Eier nach dem Ablaichen auf dem Bauch des Weibchens oder sinken langsam zu Boden (Sinkeier) und werden vom Männchen eingesammelt, mit Schaumblasen versehen und ins Schaumnest gespuckt. Die Eier sind bei diesen Arten undurchsichtig weiß. Das Weibchen ruht sich währenddessen in der Nähe der Wasseroberfläche aus. Ist es wieder zu Kräften gekommen, so hilft es dem Männchen beim Einsammeln der Eier und wird bei dieser Tätigkeit von den meisten Männchen durchaus toleriert. Ist dieser Arbeitsgang abgeschlossen, so kommt es zu weiteren Umschlingungen. Nicht immer werden bei den Paarungen auch Eier abgegeben. Vor allem zum Beginn und am Ende der Laichphase kommt es zu zahlreichen Scheinpaarungen.

Die Weibchen der Arten sind – entsprechend ihrer Körpergröße – unterschiedlich produktiv, *Malpulutta kretseri* setzt etwa 80 Eier ab, bei *Belontia signata* können es mehrere Hundert sein. Es ist gewöhnlich das Weibchen, welches entscheidet, wann genug Paarungen erfolgt sind. Dann entfernt es sich aus der näheren Umgebung des Nests, um dem Männchen alles weitere zu überlassen, ansonsten wird es aggressiv vertrieben. Es wird aber kaum vom Männchen verfolgt oder anderweitig belästigt und beobachtet seinerseits die weiteren Geschehnisse aus einiger Entfernung. Bei den *Belontia*-Arten ist jedoch eine echte Elternfamilie ausgeprägt.

## Brutpflege

Im größeren Aquarium, in dem das Weibchen vom Männchen ungefährdet ist, übernimmt das Weibchen die Verteidigung des Reviers, lediglich bei *Belontia* sind beide Partner gleichberechtigt.

Die Fische nehmen ihre Aufgaben der Brutpflege sehr ernst. Das Schaumnest wird nun verstärkt, einzelne Bläschen werden ersetzt, einige Eier umgebettet und sie werden an einer Stelle im Nest konzentriert. Vor allem das Männchen ist ununterbrochen aufmerksam und erscheint dem Beobachter mit seiner Arbeit stets unzufrieden zu sein. Währenddessen behält es auch noch aufmerksam die Umgebung im Auge und fächelt den Eiern oder Larven im Nest regelmäßig frisches Wasser zu.

Bei 28 °C schlüpfen die Larven der meisten Arten (s. a. Artenteil) nach Ablauf von 24 Stunden (40 Stunden bei 24 °C) aus den Eiern. Die winzig kleinen, hellgrauen, hängenden Kommata erregen unter dem Nest sofort die Aufmerksamkeit des unablässig wachsamen Vaters, der herabsinkende flugs mit dem Maul einsammelt oder wieder vom Grund hinaufholt, um sie ins Nest zurückzuspucken. Nach einigen Tagen ist der Dotter der Larven verbraucht und sie haben sich zu waagerecht freischwimmenden Jungfischen entwickelt. Der Vater (bei *Belontia* auch die Mutter) versucht nun, mit allen zur Verfügung stehenden Mitteln, seine aktiven und ausflugsfreudigen Nachkommen beisammenzuhalten. Gewöhnlich betrachten die Eltern aller Makropodenarten ihre Jun-

gen nicht als Nahrung! Durch die jahrelange Zucht im Aquarium gibt es aber Abweichungen davon, so daß der Aquarianer den weiteren Ablauf der Aufzucht der Jungen gut beobachten muß, sofern die Eltern weiterhin bei ihren Jungen bleiben.

## Aufzucht

Zunächst wird der Wasserstand gesenkt, um die Ernährung der Jungfische zu vereinfachen. Das erste Futter ist für das weitere Wachstum der Jungfische von entscheidender Bedeutung. Kleinstes Lebendfutter muß in der ersten Woche in reichlicher Menge angeboten werden: Infusorien, fein gesiebtes Teichplankton, Rädertierchen sowie Paramecien (einfach selbst zu züchten) und handelsübliches Staubfutter, wobei Abwechslung das Zauberwort ist. Vier Fütterungen pro Tag sind das Minimum. Hierdurch wird natürlich auch ein häufiges Absaugen des Detritus zur Notwendigkeit, wozu der Aquarianer sich eines dünnen Luftschlauchs bedient, um nicht versehentlich Jungfische mit einzusaugen. Regelmäßige Teilwasserwechsel sind unverzichtbar, denn verdorbenes Wasser würde die bisherigen Erfolge innerhalb weniger Minuten gänzlich zunichte machen!

**Hier noch einer unserer bewährten Tricks:** Ein weitgehend leergegessener Joghurtbecher wird mit Wasser gefüllt, geschüttelt und auf das Aufzuchtaquarium gestellt. Nun wird mit Hilfe eines Luftschlauchs und einer Schlauchklemme das Joghurtwasser ins Aufzuchtaquarium tropfen gelassen.

Selbstverständlich muß die Wasserqualität bei dieser Fütterung sorgfältig kontrolliert werden – dafür ist dann nur noch eine zusätzliche tägliche Fütterung, nach dem Absaugen des Mulms, nötig. Eine weitere Fütterung darf erst dann erfolgen, wenn das Wasser wieder völlig klar geworden ist.

Nach Ablauf von weiteren vier bis sechs Tagen kommt das bewährte Lieblingsfutter der Aquarianer – *Artemia*-Nauplien – zum Einsatz, das in großzügigen Mengen abwechselnd mit Mikrowürmern, lebendem Staubfutter und feinstpulverisierten Futtertabletten angeboten wird. Die Hygiene im Aquarium ist weiterhin von ausschlaggebender Bedeutung für eine gelingende Aufzucht. Jegliche Futterreste müssen umgehend entfernt sowie der Wasserstand nach und nach angehoben werden. Viele Mißerfolge bei der Zucht von Labyrinthfischen sind auf die Nichtbeachtung einer der Grundregeln der Aquaristik zurückzuführen: Eine kleine Menge durch Ausscheidungen verdorbenen Wassers wird schnell zu einer giftigen Flüssigkeit und führt innerhalb von einigen Stunden zum Verlust der gesamten Brut.

Größeres Futter wie Grindalwürmchen, zerkleinerte Mückenlarven und tiefgefrorene Salinenkrebschen sowie Trockenfutter können nach drei bis vier Wochen angeboten werden. Im Alter von drei bis fünf Wochen beginnen die Jungfische mit der Entwicklung ihres Labyrinthorgans. Dann unternehmen sie häufige Ausflüge zur Wasseroberfläche, um dort nach Luft zu schnappen.

# Die Arten

Bei der Vorstellung der Arten weichen wir an dieser Stelle von der alphabetischen Reihenfolge ab. Wir stellen den Paradiesfisch als typischen und bekanntesten Makropoden voran, denn er ist „dienstältester" tropischer Aquarienfisch, der bereits 1869 nach Europa gelangte.

## Die Arten der Gattung *Macropodus* – Makropoden

Die Arten der Gattung *Macropodus* lassen sich wegen der Form ihrer Schwanzflosse jeweils einer der beiden Schwanzformen zuordnen, dem Gabelschwanzmakropoden, *M. opercularis*, oder dem Rundschwanzmakropoden, *M. ocellatus*. Bisher wurden allerdings nur drei weitere Arten mit gabelförmiger Schwanzflosse gültig beschrieben. Solche mit Löffelförmiger Schwanzflosse harren sicherlich noch der Entdeckung und Beschreibung.

## Paradiesfisch, Makropode Gabelschwanzmakropode *Macropodus opercularis* (LINNÉ, 1758)

Da die sprachliche Mehrzahl sowohl von Paradiesfisch als auch die von Makropode entweder jeweils mehrere Individuen der Art *M. opercularis* oder jeweils mehrere Arten der Gattung *Macropodus* bedeuten kann, wird in Einklang mit der eindeutigen Intention LINNÉS „...cauda bifida" der deutsche Name Gabelschwanzmakropode (im Gegensatz zum Rundschwanzmakropoden, *M. ocellatus*) eingeführt.

**Herkunft:** Von Mittelvietnam bis Mittelchina weit verbreitet.

**Länge**: 8 bis 11 cm.

**Verhalten:** Der Makropode ist außerhalb der Laichperiode gegenüber anderen Fischen relativ verträglich, sie gelten zu unrecht als aggressiv. Das Männchen baut ein Schaumnest und verteidigt sein Revier allerdings vehement. Das Weibchen ist an der Revierverteidigung beteiligt. Sie beschädigen keine Wasserpflanzen.

**Haltung:** Ein gut bepflanztes Aquarium mit Schwimmpflanzen ist für Paradiesfische wichtig. Über dunklem Bodengrund kommen die Fische am besten zur Geltung. Sie vertragen keine starke Strömung. Eine $CO_2$-Düngung der Pflanzen darf nur bei ausreichender Belüftung der Wasseroberfläche erfolgen!

**Wasser:**

**Zucht:** $<15\,°dGH$, $<6\,°KH$, pH-Wert um 7, 25 bis 27 °C.

*Gabelschwanzmakropode, Macropodus opercularis; ein Männchen bei der Versorgung seiner Jungen im Schaumnest. In der Makroaufnahme ist der Kiemendeckelfleck (Ocellus, Augenfleck) gut sichtbar. Foto: B. Kahl*

**47**

*Der Paradiesfisch gilt als ausgesprochen farbig, so daß mit ihm schon seit Beginn des vorherigen Jahrhunderts regelrechte Schönheitswettbewerbe organisiert wurden. Paarung bei* M. opercularis. *Foto: B. Kahl*

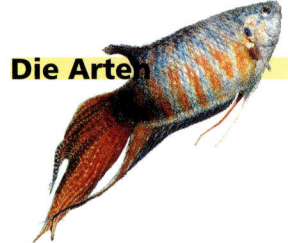

**Sonst:** beliebig, 18 bis 25 °C (hohe Temperaturen führen zur schnellen Alterung der Makropoden).
**Fütterung:** Allesfresser: gängiges Trockenfutter, Frostfutter, Lebendfutter aller Art.

*Macropodus opercularis* bewohnt unterschiedliche Habitate, so zum Beispiel Reisfelder, Bewässerungskanäle und zeitweise sogar leicht brackige Gewässer. Aufgrund seiner großen Nord-Süd-Verbreitung ist der Gabelschwanzmakropode an einen breiten Temperaturbereich angepaßt. Dennoch kann es für die Pflege im Aquarium wichtig sein, zu wissen, aus welcher klimatischen Zone die jeweilige Fundortvariante stammt.

Der Paradiesfisch ist sicherlich der prächtigste unter den fünf Makropodenarten. Sein Körperbau ist kräftig, und die unpaaren Flossen sind beim Männchen durch ausgezogene Strahlen am jeweiligen Ober- und Unterrand verlängert.
Die Färbung des Gabelschwanzmakropoden ist infolge der weiten Verbreitung und aufgrund selektiver Zucht im Aquarium recht variabel. Auf einer braungrünlichen Grundfarbe befinden sich blaue oder grüne sowie rote Querbänder, und auf dem Kopf und dem Nacken befinden sich dunkelbraune Flecken. Die unpaaren Flossen sind in erster Linie rot, teils mit blauen Elementen. Die Verlängerungen der unpaaren Flossen sind

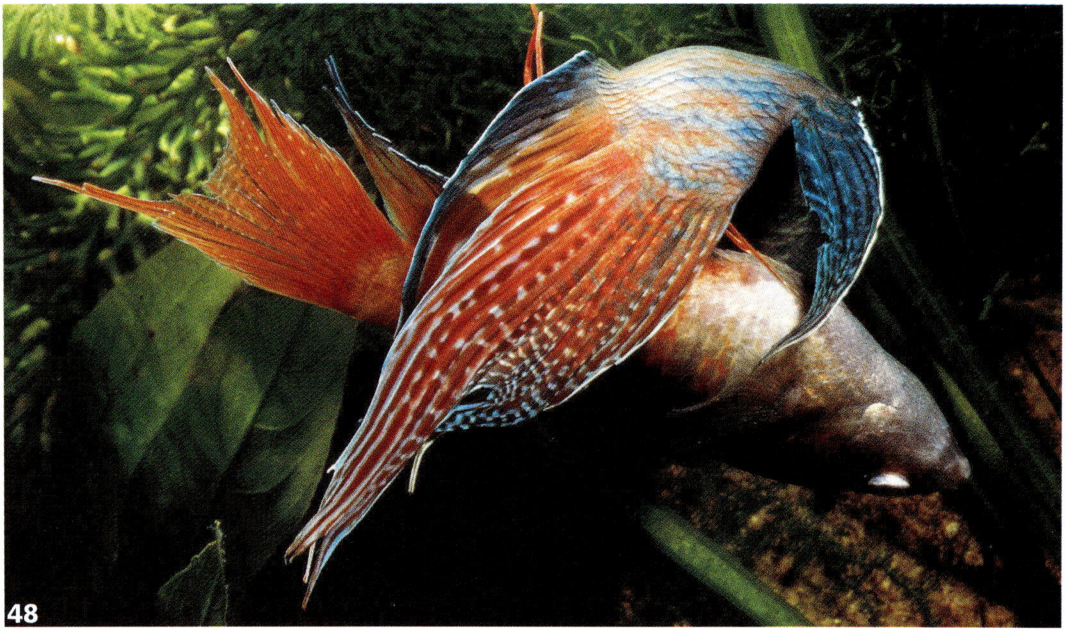

bei den Weibchen weniger stark ausgeprägt, sie zeigen auch insgesamt weniger kräftige Farben. Die Brustflossen sind transparent, die Bauchflossen hellblau oder rotorange. Bei einigen Varianten dominieren die roten, bei anderen die blauen Farbanteile.

Bei der Nominatform des Gabelschwanzmakropoden sind einige Standortunterschiede festzustellen. So zeigt die natürliche Form vom Fundort „Nankin" im Vergleich einen hohen und untersetzten Körperbau, wohingegen die Form von „Hanoi" eher langgestreckt ist. Diese Unterschiede gehen mit solchen in den Bändern auf den Körperseiten einher.

*Gabelschwanz-makropode, Macropodus opercularis-Normalform-männchen Foto: F. Teigler*

*Normalform-weibchen Foto: F. Schäfer*

In der Aquaristik sind nach und nach in Auswahlzucht entstandene Formen aufgetaucht. Sie unterscheiden sich in der Anzahl der den Körper überziehenden Bänder, deren Farbe und natürlich in ihrer Grundfarbe, wobei blau, rot, orange oder helle Töne vorherrschen können; auch Albinos sind bekannt.

*Albino-männchen Foto: Dr. J. Schmidt*

Der Makropode ist ein Fisch mit Persönlichkeit, er ist lebhaft und zeigt ein gewisses Maß an Aggressivität seinen Artgenossen gegenüber. Der Pfleger ist somit gut beraten, ihm eine angemessene Umgebung zur Verfügung zu stellen. Ein Aquarium von 120 l Inhalt muß als Minimum für die passende Unterbringung für fünf bis acht Fische gelten. In ihrem Umfeld muß ausreichend freier Schwimmraum erhalten bleiben, in dem sich vor allem die Männchen in all ihrer Pracht von Farbe und Form zeigen können. Einige großwüchsige Pflanzen verschaffen den Fischen einen Sicherheit

*Albino-weibchen Foto: F. Teigler*

**49**

die verträglichen Werte liegen mit pH-Wert 7,0 und bei 10 bis 15 °dGH im Mittelbereich. Ein jahreszeitlich bedingtes Absinken der Temperaturen auf 10 bis 15 °C wird von den Fischen gut vertragen. Dadurch eröffnet sich auch die Möglichkeit einer Haltung in einem draußen aufgestellten Aquarium, so daß die natürlichen Temperaturschwankungen den Lebensbedingungen im natürlichen Lebensraum der Fische nahekommen.

Der Makropode ist ein Allesfresser, der ohne viel Zögern sämtliche angebotene Nahrung annimmt, sei sie nun trocken, lebend oder tiefgefroren. Er leistet darüberhinaus einen aktiven Beitrag zum biologischen Gleichgewicht des Aquariums, indem er gelegentlich sogar Schnekken, Planarien und Hydren verzehrt.

Der Paradiesfisch zeigt sich als unanfällig für Erkrankungen. Regelmäßige Teilwasserwechsel eines Viertels des Wasservolumens alle zwei Wochen tragen erheblich zu seinem Wohlbefinden bei.

Unter den beschriebenen Verhältnissen gepflegt, sind die Makropodenmännchen nahezu ständig mit der Balz beschäftigt. Hier beginnen aber auch die Probleme. Die fortpflanzungsbereiten Männchen versuchen, Laichreviere abzustecken. Unterdrückte Männchen haben darunter am meisten zu leiden, und es ist ratsam, sie umzusetzen, bevor es zum Schlimmsten kommt. Nicht selten sind zwei dominierende Männchen zu beobachten, die einander gegenüberliegende Ecken des Aquariums besetzt halten und jeweils versuchen, ein Weibchen für sich zu interessieren.

*Das Paradiesfischpaar bei der gemeinsamen Arbeit am Schaumnest. Schwimmpflanzen schatten das Aquarium ab, unterstützen den Schaumnestbau und schaffen Rückzugsmöglichkeiten für unterdrückte Fische.*
*Foto: B. Kahl*

vermittelnden Hintergrund. Desweiteren kommt eine Moorkienwurzel zum Einsatz. Steht das Aquarium im Wohnraum, so kann auf eine Heizung verzichtet werden, wodurch die Fische jahreszeitlichen Schwankungen ausgesetzt sind, die sich wiederum ihrem Biorhythmus als zuträglich erweisen. Es darf nicht vergessen werden, daß manche Lokalformen aus Gebieten stammen, in denen die Wassertemperaturen während des Winters auf recht niedrige Werte sinken können und wo die Fische im Sommer auch hohen Temperaturen widerstehen müssen. Schon deshalb ist es ratsam, Paradiesfische nicht mit anderen Fischen zu vergesellschaften, sondern ihnen stattdessen ein Artaquarium zuzugestehen.

Ein geeignetes Wasser zu bieten, bereitet keine großen Schwierigkeiten, denn

Das aus Luftbläschen bestehende Schaumnest wird an der Oberfläche von Blättern der Pflanzen oder einfach auch an den Scheiben des Aquariums verankert und dient zur Aufnahme der Eier. Solange die Bauarbeiten daran noch nicht abgeschlossen sind, ist das Weibchen in der Nähe der Baustelle ungeduldet. Erst mit zunehmender Fertigstellung darf es sich mehr und mehr nähern. Kommt es jedoch zu nahe, so wird es mit Nachdruck weggedrängt oder sogar verbissen. Die Nachzucht im Gesellschaftsaquarium ist möglich, jedoch ist es aussichtsreicher, sich von selbst gebildete Pärchen in ein Zuchtaquarium umzusetzen. Hierzu kann ein 60 l großes Aquarium dienen, dessen Wasser Eigenschaften aufweist, die den natürlichen Bedingungen nahekommen.

Während der ersten Paarungsversuche, den Scheinpaarungen, werden zunächst noch keine Geschlechtsprodukte abgegeben. Zur Paarung schlingt das Männchen seinen Körper förmlich um den seiner Partnerin. Es nimmt dabei eine U-Form an und übt Druck auf die Flanken des Weibchens aus. Nach mehreren Versuchen werden schließlich einige Eier und Spermien abgegeben. Die auf diese Weise befruchteten, im Wasser langsam nach oben schwebenden Eier werden vom Männchen ins Maul eingesammelt und dann im Schaumnest deponiert. Die gesamte Laichphase kann eine bis drei Stunden dauern. Ist sie abgeschlossen, so wird das Weibchen aus der Nestnähe vertrieben. In einem Aquarium von ausreichender Größe hält es sich außerhalb

*Das Ablaichen der Paradiesfische erfolgt in für Labyrinthfische typischer Weise, indem das Weibchen umschlungen und dabei meist auf den Rücken gedreht wird. Gelegentlich sinkt das Paar währen der Paarung im Wasser ab. Foto: B. Kahl*

*Ein balzendes Makropodenmännchen vom Fundort Nankin in China. Auffällig sind seine typischen, wulstigen Lippen.*

*Das Nankin-Männchen beim Schaumnestbau. 2 Fotos: Dr. J. Schmidt*

Mit Abschluß
der Arbeiten
am Schaum-
nest geht das
Männchen zur
Balz über. Hat
es kürzlich das
Weibchen noch
verjagt, so ver-
sucht es nun,
es durch auf
der Stelle
ausgeführte
schaukelnde
Bewegungen
mit aufgestell-
ten Flossen
anzulocken. Ist
dies gelungen,
so dirigiert es
die Partnerin
unters Nest,
wo es bald zu
ersten Um-
schlingungen
kommt.
Foto: H. Linke

des direkten Bereichs des Nests auf, es übernimmt die Verteidigung der äußeren Reviergrenzen.

Das Männchen beschäftigt sich nun ausschließlich mit der Betreuung des Geleges, bettet Eier um und sammelt herausgefallene wieder ein. Spielt sich dies im Gesellschaftsaquarium ab, dann sorgen beide Partner dafür, daß sich kein anderer Fisch aus der ihm zugewiesenen Ecke herauswagt. Nach etwa 36 Stunden erscheinen die Larven, deren Anzahl zwischen 200 und 500 liegen kann. Das Männchen hat mit dieser lebendigen Schar seine liebe Müh, denn die Larven fallen ständig aus dem Nest heraus. Nach weiteren 24 Stunden, oder – je nach der herrschenden Temperatur – etwas mehr, sind die Dottervorräte der Larven verbraucht. Nach und nach nehmen die Jungfische ihre natürliche, waagerechte Position ein, verlassen das Nest und da-

mit auch den Schutz des Vaters. Während sich dieser über die gesamte Zeit zuvor überaus aufmerksam gegenüber seinem Nachwuchs zeigte, so verliert er nunmehr das Interesse. Dennoch fressen Fische, die noch ihr natürliches Verhalten zeigen, ihre Jungen nicht.

Erfahrene Züchter wissen natürlich, daß nun eine Menge winziger Mäuler mit noch winzigerem Futter zu versorgen ist. Infusorien, Rädertierchen und ab dem dritten Tag frischgeschlüpfte *Artemia*-Nauplien müssen in ausreichenden Mengen vorhanden sein, um täglich mehrmals füttern zu können. Die Jungfische wachsen unter diesen Umständen schnell. Bei ausreichenden Mengen qualitativ hochwertigen Futters wird der Züchter schon bald nicht mehr umhinkommen, den Nachwuchs nach Größen zu sortieren, damit die kleineren ihr Wachstumsdefizit ungehindert aufholen können. Kurze Zeit später zeigen die ersten Farbe auf dem Kiemendeckel, dann erscheinen die Bänder auf den Körperseiten. Mit Erreichen eines Alters von etwa drei Monaten sind die vorgewachsenen groß genug, um sie an andere Aquarianer abgeben zu können.

## Schwarzer Makropode
### *Macropodus concolor* AHL., 1937

Kürzlich sollte der ältere, nahezu vergessene Name *Macropodus spechti* SCHREITMÜLLER, 1936 für den eingebürgerten Namen *M. concolor* AHL., 1937 des Schwarzen Makropoden eingeführt werden (FREYHOF & HERDER 2002). Die Entscheidung der Nomenklaturkommission zu einem Einspruch steht aber noch aus (mdl. Mitt. PAEPKE 2002).

**Herkunft:** Eng begrenztes Gebiet in Mittel-Vietnam, Umgebung der Stadt Hue.
**Länge:** 8 bis 12 cm.
**Verhalten:** Außerhalb der Laichperiode gegenüber anderen Fischen und auch Artgenossen verträglich. Das Männchen baut ein Schaumnest und verteidigt sein Territorium vehement. Das Weibchen ist meist an der Revierverteidigung beteiligt.

Die Fische beschädigen keine Pflanzen.
**Haltung:** Es ist ein gut bepflanztes Aquarium erforderlich; die Oberfläche wird am besten mit Schwimmpflanzen versehen. Über dunklem Bodengrund kommen die Schwarzen Makropoden gut zur Geltung. Die Fische mögen keine intensive Strömung. Eine $CO_2$-Düngung darf nur bei einer ausreichenden Belüftung der Wasseroberfläche erfolgen. Der Schwarze Makropode ist aufgrund seiner Verbreitung in der Natur die wärmeliebendste Makropodenart.
**Wasser:**
**Zucht:** < 15 °dGH, < 6 °KH, pH-Wert 6,5 bis 7, 26 bis 30 °C, zur Aufzucht: 25-27 °C.
**Sonst:** beliebig, 23 bis 28 °C.
**Fütterung**: Gängiges Trockenfutter, Frostfutter, Lebendfutter aller Art
**Anmerkung:** Eine sehr schöne Art, die aber in zu hellen Aquarien nicht zur Geltung kommt.

*Schwarzer Makropode, Macropodus concolor (gelegentlich auch M. spechti genannt): Erst nach der Fertigstellung des Nests ist das Männchen paarungswillig und seine Partnerin darf nun unter das Nest schwimmen. Zunächst kommt es lediglich zu einigen Scheinpaarungen. Bei der eigentlichen Paarung umschlingt das Männchen das Weibchen und dreht es auf den Rücken, wobei das Weibchen die Eier ausstößt. Die Abgabe der Spermien erfolgt zeitgleich. Foto: H. Linke*

**Anmerkung:**

*Der Schwarze Makropode aus der Umgebung von Hue, Mittelvietnam, entspricht weitgehend dem Aussehen jenes Schwarzen Makropoden, nach dem die Art 1936 beschrieben wurde und der seither als Aquarienstamm gepflegt wird. Gelegentlich wird von den Fischen gesagt, daß diese weniger aggressiv untereinander und gegenüber anderen Arten sein sollen als M. opercularis. Dies stimmt aber nicht immer, denn naturgemäß ist bei brutpflegenden Fischen auch eine gewisse Territorialität ausgeprägt.*

Die unscheinbar hell- bis dunkelgraue Färbung der Schwarzen Makropoden macht die Art für den Aquarianer zunächst wenig attraktiv. Die Fische sind jedoch erheblich schöner, wenn sie bei der Balz beobachtet werden können. Das Männchen färbt sich tiefschwarz, nur die Bauchflossenfäden sind rot leuchtend, manchmal mit weißen oder hellblauen Spitzen. Die Flossen werden zur Balz weit gespreizt, an der Schwanzflosse fallen schwarze, lang ausgezogene Flossenstrahlen auf, die über den Flossenmembranrand hinausreichen.

Auch die Schwarzen Makropoden sind Allesfresser, so daß die Ernährung keine Probleme bereitet. Gern fressen sie Schwarze Mückenlarven, auch Rote oder Weiße werden genommen. Wasserflöhe und Hüpferlinge sowie Trockenfutter können ebenso verfüttert werden.

Das natürliche Verbreitungsgebiet des Schwarzen Makropoden war noch bis zum Ende des 20. Jahrhunderts nicht genau bekannt. Und viele Spekulationen rankten sich um sein natürliches Vorkommen. Ab etwa 1980 fingen reisende Aquarianer in der Umgebung von Hue wiederholt Schwarze Makropoden. Die Fische wurden im Tiefland um Hue in Wassergräben gefangen, die mit Wasserpflanzen zugewuchert waren. Später wurde berichtet, daß die Art auch in den Bächen der Bergregionen gefangen wurde.

Der Schwarze Makropode besitzt eine grau-schwarze Körperfarbe ohne rote Querstreifen, die sich beim Männchen zur Balz noch dunkler färbt. Die Schwanzflosse ist ebenfalls dunkelgrau bis schwarz und zeigt ein Leitersprossenmuster, während der Körper von einem netzartigen Muster überzogen scheint, da die Schuppen dunkel gerandet sind. Die Bauchflossenfäden sind zu zwei Dritteln rot und im letzten Drittel aber weiß, hellblau oder völlig rot gefärbt.

Die Schwarzen Makropoden sind echte Tropenfische, was bei der Pflege zu beachten ist. Die Temperatur darf nicht unter 20 °C sinken, aber über einen längeren Zeitraum auch nicht 26 °C übersteigen. Das Wasser kann neutral bis leicht sauer sein, pH-Wert 6,2 bis 7,2, bei einer Härte bis 15 °dGH aufweisen.

Der Tatsache, daß die Schwarzen Makropoden aus pflanzenreichen Gewässern stammen, ist bei der Einrichtung des Aquariums zu berücksichtigen. Die Fische bevorzugen dichte Pflanzenposter wie Javamoos; wichtig ist auch eine Schwimmpflanzendecke, sonst klemmen sie die Flossen und wirken sehr scheu. Teilwasserwechsel sind gleichfalls wesentlich, da Schwarze Makropoden auf schlechte Wasserqualitäten oft mit Geschwürbildungen reagieren.

Wurzeln oder Steine dürfen als Versteckplätze für das Weibchen bei der Aquarieneinrichtung nicht fehlen. Sofern nur ein Paar gepflegt wird, kann es zur Zucht in einem 60 l-Aquarium angesetzt werden. Kleiner darf es nicht sein, da die Männchen zeitweise äußerst aggressiv sein können. Für zwei Paare reicht ein Aquarium von 1 m Länge aus, dann durchaus auch in Gesellschaft anderer Fische.

Werden mehrere Schwarze Makropodenmännchen in einem zu kleinen Aquarium gepflegt, so kann das schwächste derart unterdrückt werden, daß es schließlich verendet. Auch bei der Vergesellschaftung mit anderen Fischen kann es Probleme geben. Bei der innerartlichen Aggression richtet sich der Angriff der Männchen auf den Opercularfleck des Gegners, der auf dem abgespreizten Kiemendeckel – nun deutlich sichtbar – präsentiert wird; auch wenn dieser Augenfleck beim Schwarzen Makropoden zeitweise nicht sichtbar ist, richtet sich ein Angriff meist gegen den Kiemendeckel.

Die Zucht gilt als leicht. Sofern das Weibchen laichreif ist und die äußeren Umstände stimmen, so laichen die Makropoden auch ab. Das Männchen besetzt sein Revier und beginnt ein Schaumnest von etwa 4 bis zu 15 cm Durchmesser zu bauen. Unerfahrene Männchen bauen oft nur kleine Nester. Gern wird das Nest unter Schwimmpflanzen, oft unter Seerosenblättern angelegt. Schon bald sucht das Weibchen die Nähe des Nests und des Männchens auf. Anfangs wird es aber noch vom Männchen verjagt.

Nach dem Ablaichen verbleiben auch hier beide Fische einige Sekunden in der Laichstarre. Die öltröpfchenhaltigen Eier steigen selbsttätig zur Wasseroberfläche und werden anschließend vom Männchen mit dem Maul eingesammelt und unter das Schaumnest gespuckt. Danach unterlegt der Vater die Eier mit weiteren Schaumperlen. Bei insgesamt

*Schwarzer Makropode Macropodus concolor, ein junges Männchen aus Vietnam.*

*Ein weiteres junges Männchen aus Vietnam.
2 Fotos:
F. Herder*

*Ein sehr altes Männchen vom Aquarienstamm.*

*Junges Weibchen vom Aquarienstamm.
2 Fotos:
Dr. J. Schmidt*

**55**

*Schwarzer Makropode,* Macropodus concolor, *ein imponierendes Männchen. Während der Balz färben sich die Männchen schwarz und die Ränder der unpaaren Flossen sind mit einem metallisch-hellblauen Glanz überzogen („electric blue"). Die Spitzen der Strahlenenden der unpaaren Flossen sind oft weißlich bis hellblau gefärbt, die Flossenstrahlen können aber auch leicht rötlich eingefärbt sein. Foto: F. Herder*

*Ein imponierendes, altes Männchen. Kleines Foto: H.-J. Richter*

mehreren Laichakten werden 200 bis 400 Eier abgelaicht.

Nach Abschluß der Laichphase wird das Weibchen nicht mehr in der direkten Nähe des Nests geduldet. In genügend großen Aquarien kann das Weibchen die Verteidigung der äußeren Reviergrenzen übernehmen. Falls das Männchen nicht mehr in der Lage ist, das Schaumnest auszubessern oder zu verteidigen (weil es herausgefangen wird oder stirbt), übernimmt das Weibchen die Aufgabe der Brutpflege.

Die Larven schlüpfen etwa 24 bis 30 Stunden nach dem Ablaichen. Sie besitzen einen großen Dottersack, von dem sie noch bis drei Tage lang zehren. Während dieser Zeit hängen sie an der Wasseroberfläche und werden weiterhin betreut. Herunterfallende Larven werden erneut ins Maul gesammelt und ins Nest zurückgespuckt.

Nach dem Freischwimmen müssen die Jungfische gut mit feinem Futter versorgt werden. Als Erstfutter eignen sich Pantoffel- und Rädertierchen. Ersatzfuttersorten sind beispielsweise seramicron, Cyclop-Eeze oder Protogen-Granulat. Nach fünf weiteren Tagen können dann erstmals *Artemia-* und *Cyclops*-Nauplien sowie Mikrowürmchen verfüttert werden. Ein häufiger Teilwasserwechsel ist jetzt zur Aufrechterhaltung der Wasserqualität besonders wichtig.

Schwarzer
Makropode,
M. concolor,
junges Männ-
chen von Hue.
Foto: J. Schmidt

**Kleines Foto
links:**
Die Paarung
erfolgt in der
für Labyrinthfi-
sche typischen
Umschlingung.
Foto: G. Kopic

Ein junges
Männchen mit
bereits prächti-
gen Flossen.
Die dunklen
Augen der
Fische heben
sich kaum vom
Körper ab.
Seine Fort-
pflanzungsbio-
logie unter-
scheidet sich
nicht von der,
anderer Makro-
podus-Arten.
Foto:
F. Teigler

*Rotrücken-makropoden, Macropodus erythropterus, sind wie alle Makropodenarten territorial und deshalb zeitweilig aggressiv. Neben Bissen in die Flanken gehört auch das Maulzerren zum üblichen Kräftemessen.*

*Die Paarung erfolgt auch bei den Rotrücken-makropoden in üblicher Weise. Fotos: F. Herder*

## Rotrückenmakropode
### *Macropodus erythropterus*
### FREYHOF & HERDER, 2002

Der erst kürzlich entdeckte und beschriebene Rotrückenmakropode, *M. erythropterus*, ist näher mit dem Schwarzen Makropoden, *M. concolor*, verwandt als beide jeweils mit dem Gabelschwanzmakropoden, *M. opercularis*.

**Herkunft:** Mittelvietnam, Quang Tri Provinz.
**Länge**: 9 bis 11 cm.
**Verhalten:** Rotrückenmakropoden sind nur außerhalb der Laichperiode gegenüber anderen Fischen verträglich, sie sind zeitweise sehr aggressiv. Auch hier baut das Männchen ein Schaumnest und verteidigt sein Revier vehement, das Weibchen ist ebenso an der Revierverteidigung beteiligt. Paradiesfische beschädigen generell keine Wasserpflanzen.
**Haltung:** Gut bepflanztes Aquarium mit Schwimmpflanzen. Über dunklem Bodengrund kommen die Fische am besten zur Geltung. Sie vertragen keine starke Strömung. Eine $CO_2$-Düngung der Pflanzen darf nur bei ausreichender Belüftung der Wasseroberfläche erfolgen!
**Wasser:**
**Zucht:** < 15 °dGH, < 5 °KH, pH-Wert 6,4 bis 7,0, 24 bis 27 °C.
**Sonst:** beliebig, 18 bis 26 °C.
**Fütterung:** Allesfresser: alle gängigen Trockenfuttersorten, Frostfutter sowie Lebendfutter aller Art passender Größen.

*Nach der Paarung öffnet das Rotrückenmakropodenmännchen die Umschlingung zunächst, beide Partner verharren aber dann noch einige weitere Sekunden in der Laichstarre.*

*Weiterhin in der Laichstarre, sinken die Fische langsam im Wasser ab. Gut ist der rote Rücken des Weibchens zu erkennen.*
*2 Fotos:*
*F. Herder*

Der Rotrückenmakropode ist sehr nahe mit dem Schwarzen Makropoden verwandt und diesem in vielen Eigenschaften ähnlich. Die Hauptunterscheidungsmerkmale sind der rote Rücken und die rote Rückenflosse, was jedoch oft nur bei Aggression, Balz und Brutpflege zu beobachten ist. Die Rotbraunfärbung überzieht nur den Rücken, die beiden unteren Körperdrittel sind mausgrau. Die Bauchflossenstrahlen leuchten rotbraun und die Afterflosse ist von einem dunkel-blauen Saum begrenzt. Der Opercularfleck ist nicht deutlich zu erkennen.

HERDER & FREYHOF (2001) entdeckten diese neue Makropodenart, die sich von bisher bekannten Schwarzen Makropoden unterscheidet, in Mittelvietnam. Sein Verbreitungsgebiet befindet sich etwa 150 km nördlicher, in der Umgebung von Dong Hoi, im Flußgebiet bei Quyêt Tiên, vor allem in klaren Bächen der Bergregion.

Reviergründung, Balz, Ablaichen und Brutpflege entsprechen weitgehend dem bei *M. opercularis* und *M. concolor* dargestellten.

*Ein junges Rotrückenmakropodenmännchen, M. erythropterus.*
*Foto: D. Bork*

**59**

Der Hongkongmakropode, Macropodus hongkongensis, unterscheidet sich deutlich von den anderen Arten. Er ist hellbeige und auch zur Balz färben sich die Männchen nur unwesentlich dunkler. Er ist näher mit dem Paradiesfisch als mit dem Schwarzen Makropoden, mit dem er anfänglich verwechselt wurde, verwandt. Foto: J. Geck

**Kleines Bild oben:**
Vor der Paarung umschwimmen sich die Partner. Aus dem Umschwimmen heraus schwimmt das Weibchen dem Männchen in die Flanke, es kommt zur Umschlingung. Foto: J. Töpfer

**Unten:** Die Hongkongmakropoden sind auch in wasserberuhigten Zonen von Fließgewässern der Bergregion zu finden. Der Opercularfleck ist auf dem hellen Grund deutlich erkennbar.
2 Fotos: Dr. B. Chan

## Hongkongmakropode
### *Macropodus hongkongensis*
### FREYHOF & HERDER, 2002

Der 1996 von Prof. D. DUDGEON, University of Hongkong, entdeckte und kürzlich von FREYHOF & HERDER (2002) beschriebene Hongkongmakropode, *M. hongkongensis*, ist näher mit dem gemeinsam vorkommenden Gabelschwanzmakropoden, *M. opercularis*, als mit dem Schwarzen Makropoden, *M. concolor*, mit dem er anfänglich wegen seiner düsteren Farbe verwechselt wurde, verwandt.

**Herkunft:** Bisher nur in Hongkong, Tai Po Gebiet.

**Länge:** 7 bis 10 cm.
**Verhalten:** Außerhalb der Laichperiode gegenüber anderen Fischen und auch Artgenossen verträglich. Das Männchen baut ein Schaumnest und verteidigt es intensiv. Das Weibchen ist an der Revierverteidigung im äußeren Bereich beteiligt. Auch die Hongkongmakropoden beschädigen keine Pflanzen.
**Haltung:** Ein gut bepflanztes Aquarium ist erforderlich, am besten mit Schwimmpflanzen versehen. Vor allem über dunklem Bodengrund kommen die Fische gut zur Geltung. Sie mögen keine starke Strömung. Eine $CO_2$-Düngung darf nur bei einer ausreichenden Belüftung der Wasseroberfläche erfolgen.

*Habitat von M. hongkongensis: Aus allen Fundortbeschreibungen geht hervor, daß die Hongkongmakropoden, in pflanzenreichen Gewässern leben. Es läßt sich aber niemals sicher vorhersagen, ob in einem bestimmten Gewässer Hongkongmakropoden oder Paradiesfische gefunden werden können, doch nur in Ausnahmefällen kommen beide Arten im gleichen Gewässer vor.* **Im Ausschnitt:** *Unterwasseraufnahme von M. hongkongensis im natürlichen Lebensraum. Fotos: Dr. B. Chan*

**61**

Die Körpergrundfärbung des Hongkongmakropoden ist beige bis lehmfarben. Die hellen Schuppen weisen jeweils an der Basis einen dunklen Fleck auf, der durch die aufliegende, transparente Schuppe sichtbar ist. Als Folge der gleichmäßigen Anordnung der Schuppen erscheinen die Punkte in regelmäßigen Linien angeordnet. Am Kopf und im Nacken sind dunkle Querstreifen sichtbar und auch der Operkularfleck ist deutlich zu erkennen.
Foto:
Dr. B. Chan

**Wasser:**
**Zucht:** < 15 °dGH, < 4 °KH, pH-Wert 6,2 bis 7,3, 23 bis 27 °C.
**Sonst:** beliebig, 18 bis 25 °C.
**Fütterung:** Gängige Trockenfuttersorten, Frostfutter, Lebendfutter aller Art.

Eine Verbreitung in der angrenzenden Region Chinas ist nicht auszuschließen. Zur Zeit muß davon ausgegangen werden, daß der Hongkongmakropode sowohl im Tiefland, in stehenden oder langsam fließenden Gewässern, als auch im Bergland in relativ schnell fließenden Gewässern vorkommt, dort allerdings in ruhigen Abschnitten mit starkem Pflanzenbewuchs, insbesondere vom Ufer her. Die Wasserwerte spielen für diese Fische keine besondere Rolle. Wasserwerte waren beispielsweise: Temperatur 24 °C, pH-Wert 6,4 bis 6,5, relativ weich, bei

einer Gesamthärte von 4 bis 5 °dGH (TÖPFER 2000). Im Aquarium laichen die Fische auch bei 12 °dGH problemlos ab. Im Winter können die Wassertemperaturen für längere Zeit auf 15 °C fallen.
Beim Hongkongmakropoden ragen – im Gegensatz zum Schwarzen – kaum Strahlenenden der Schwanzflossenstrahlen über die Flossenmembran hinaus. Die Bauchflossenfäden sind weiß oder rosa, sie laufen, im Unterschied zu den anderen *Macropodus*-Arten, nicht in einer anders gefärbten, helleren Spitze aus. Die Schwanzflosse ist gleichfalls körperfarben, mit Leiterflossenmuster. Rücken- und Afterflosse sind körperfarben, nach außen dunkler gefärbt; die Rückenflosse ist hell gerandet.
Auch hier entsprechen Reviergründung, Balz, Ablaichen und Brutpflege dem bei den drei zuvor dargestellten Arten.

Rundschwanz-
makropode,
Macropodus
ocellatus; ein
prächtiges
Männchen vom
Jangtse.
Bei dieser klein-
sten Makropo-
denart errei-
chen die Männ-
chen Längen
von 8 bis 9 cm,
die Weibchen
bleiben kleiner.
Der Körper ist
abgeflacht
und etwas
langgestreckt.
Die Farben in-
tensivieren sich
zur Paarungs-
zeit. Die Oran-
ge- und Rottö-
ne vermischen
sich mit
Schwarz und
bilden dadurch
ein Muster aus
überdeckten
Linien.
Foto:
D. Bork

# Rundschwanzmakropode
## *Macropodus ocellatus*
### CANTOR, 1842

Der Rundschwanzmakropode, *M. ocella-tus* CANTOR, 1842, war lange Zeit als China-makropode, *M. chinensis* (BLOCH, 1790) bekannt. Allerdings ist der Name China-makropode kein Synonym des Rund-schwanzmakropoden, sondern eines des Gabelschwanzmakropoden, *M. opercu-laris* (LINNÉ, 1758) und sollte deshalb nicht im Zusammenhang mit dem Rund-schwanzmakropoden benutzt werden.

**Herkunft:** Ostchina, von Guangshou bis zur Mandschurei im Norden, sowie Korea und Südjapan.
**Länge:** 6 bis 9 cm.
**Verhalten:** Außerhalb der Laichperiode gegenüber anderen Fischen verträglich. Das Männchen baut ein Schaumnest und verteidigt es massiv. Das Weibchen ist

an der Revierverteidigung beteiligt. Es er-folgt keine Beschädigung von Pflanzen.
**Haltung:** Gut bepflanztes Aquarium mit Schwimmpflanzen. Über dunklem Bo-dengrund kommen die Fische am besten zur Geltung. Keine starke Strömung, $CO_2$-Düngung nur bei ausreichender Belüftung der Wasseroberfläche!
**Wasser:**
**Zucht:** < 15 °dGH, < 6 °KH, pH-Wert 7, 20 bis 25 °C.
**Sonst:** Keine besonderen Ansprüche. Aber: Sommertemperatur 25 °C, eine kühle Überwinterung bei unter 10 °C ist zwingend nötig! Im Sommer werden hohe Temperaturen toleriert, doch eine Haltung im Warmwasseraquarium ver-schleißt die Fische schnell.
**Fütterung:** Gängiges Trockenfutter, Frostfutter, Lebendfutter aller Art.
**Anmerkungen:** Ein sehr schöner Fisch, der seine prächtige Färbung allerdings nur in der Laichperiode zeigt. Er muß

*Rundschwanz-
makropode,
der Umschlin-
gung folgt ein
Drücken auf
die Flanken des
Weibchens und
ein Schaukeln
des Paars, wo-
bei die Eier frei-
gesetzt und so-
fort befruchtet
werden.
Geschlechts-
reife Weibchen
zeichnen sich
durch blasse
Farben und
ihren ge-
schwolleneren
Bauch aus. Im
Bild ein balzen-
des Paar, Männ-
chen oben.
Foto: M.-P. &
C. Piednoir*

unbedingt kalt überwintert werden. Eine Überwinterung im Teich, der zufrieren könnte, ist jedoch riskant.

Der Grund dafür, daß *M. ocellatus* kaum im aquaristischen Fachhandel zu finden ist, ist sicherlich, daß die Fische nur sehr selten importiert werden. Ein weiteres Problem ist die Tatsache, daß seine Zucht besondere Maßnahmen erfordert. Es ist die am wenigsten produktive Art der Gattung und gleichzeitig jene, welche die größten Temperaturschwankungen im Jahresgang für ihr Wohlergehen benötigt.
*Macropodus ocellatus* wurde bereits 1893 erstmals nach Deutschland eingeführt und stieß sofort auf große Aufmerksamkeit bei den spezialisierten Aquarianern, verschwand dann aber wieder. Es dauerte dann bis in die 80er Jahre, bis die Aquaristik diese Art wiederentdeckte. Der Fisch wurde 120 km süd-

westlich von Shanghai in der Nähe von Hangzhou wiedergefunden. Er stammt aus dem mittleren China und aus Korea, wobei die Nordgrenze ihrer Verbreitung etwa am Amur (Heliongjiang), also am 50. Breitengrad liegt. Die südliche Ausdehnung reicht über die Chusan Inseln und dem Weichan-See bis Hongkong. Aufgrund des riesigen Verbreitungsgebiets ist diese Art enorm unterschiedlichen klimatischen Bedingungen unterworfen. Während die südlichen Vorkommen subtropischen Wetterbedingungen ausgesetzt sind, haben sich jene im Norden mit erheblich niedrigeren Temperaturen auseinanderzusetzen, einschließlich langer Zeiten geschlossener Eisdecken und Werten von bis zu –20 °C. Die Sommer sind dort kurz und heiß, bis 30 °C, bei einem Mittel von 22 °C in Mittelchina. Nur während dieser Periode ist es *M. ocellatus* möglich, sich fortzupflanzen. Der Rundschwanzmakropode lebt hauptsächlich in den Ebenen, wo er stehende oder langsam fließende Gewässer wie Reisfelder und kleine Bewässerungskanäle besiedelt, die nur eine geringe Wassertiefe aufweisen. Auch ruhige Teiche bieten dem Fisch geeignete Lebensbedingungen. Für diese Habitate sind das Wasser überwachsende Uferpflanzen typisch.
In einigen Gegenden kommen sowohl *M. ocellatus* als auch *M. opercularis* vor, jedoch wird dann eine unterschiedliche ökologische Anpassung deutlich. Es hat den Anschein, daß *M. ocellatus* die niederen Lagen der Ebenen bevorzugt, während *M. opercularis* höher

gelegene, aber auch geschütztere Habitate besiedelt. Um die langen Winter zu überleben, sucht der Fisch tiefere Gewässerbereiche auf, in denen er zwischen Pflanzenresten unter der sich bildenden dicken Eisschicht Schutz findet. Sein Stoffwechsel verlangsamt sich, und nur einige mit der Atmung verbundene Bewegungen verraten dann, daß der Fisch noch am Leben ist. Ungeachtet der extremen Wetterbedingungen bleibt das Wasser unter dem Eis flüssig und hält eine um 4 °C schwankende Temperatur – dies reicht dem Rundschwanzmakropoden zum Überleben aus. Wenn im Frühjahr das Eis getaut ist und die Temperaturen zu steigen beginnen, erwachen die Fische aus ihrer Lethargie und wandern im Schutz der die Ufer bewachsenden Pflanzen wieder in die wärmeren, flachen Gewässerbereiche. Nun beginnt der Fisch auch wieder mit der Suche nach Futter, das größtenteils aus im Wasser lebenden Kleinkrebsen, Insekten und -larven besteht. Er muß seine Kräfte wiedergewinnen, denn mit der neuen Jahreszeit kommt auch die Zeit der Fortpflanzung.

Obwohl dieser Fisch Winterzeiten überstehen kann, bedeutet das nicht, daß er zwangsläufig ständig unter derartig extremen Bedingungen lebt. *Macropo-*

*dus ocellatus* liebt vor allem ein großzügiges Raumangebot, so daß schon ein Aquarium von 120 oder 160 l erforderlich ist, um eine Gruppe zu pflegen. Um den natürlichen Ansprüchen des Fischs zu entsprechen, wird das Aquarium nicht beheizt und den jahreszeitlichen Wechseln ausgesetzt. Nur auf diese Weise läßt er sich bei guter Gesundheit erhalten. Zu empfehlen ist ein pH-Wert nahe Neutral, das heißt 6,2 bis 7,5 und eine Wasserhärte zwischen 7 und 12 °dGH. Ein zu weiches und saures Wasser führt ebenfalls zu Geschwürbildung oder Pilzbefällen. Im Aquarium zeigt *Macropodus ocellatus* sich gegenüber einer schlechten Qualität seines Wassers als sehr empfindlich, wohingegen er bei der Haltung in einer Freianlage derartige Veränderungen besser hinnimmt. Regelmäßige Teilwasserwechsel sind in jedem Fall ratsam. Der beste Weg ist aber immer noch die Pflege in einem Artaquarium. Dieses kann mit relativ kälteunempfindlichen Pflanzen ausgestattet werden. Auch die Rundschwanzmakropoden bevorzugen einen dunklen Bodengrund. Es ist eine biologische Filterung in der

*Jungfisch: Der Rundschwanzmakropode ist wenig produktiv, 300 Eier sind bereits ein gutes Ergebnis. Manche Weibchen können aber auch 500 oder bis zu 800 Eier laichen! Foto: M.-P. & C. Piednoir*

*Für jene, die einmal einen anderen Fisch in ihren Teichen oder im Kaltwasseraquarium pflegen wollen, ist der Rundschwanzmakropode eine vielversprechende Alternative. Leider müssen wir uns um den Erhalt dieser faszinierenden, seltenen Art für die Aquaristik Sorgen machen. Foto: J. Geck*

**65**

Rundschwanz-
makropode, es
gibt recht un-
terschiedliche
Varianten; dies
ist eine eher
schlanke, rund-
liche Form. Der
Augenfleck auf
dem Kiemen-
deckel ist sma-
ragdgrün und
mit einem fei-
nen goldfarbe-
nen Saum scharf
abgegrenzt.
Foto: F. Herder

Größenordnung von etwa ³⁄₄ des Wasservolumens pro Stunde erforderlich.
Die Strömung des Filterauslaufs wird so
ins Aquarium geleitet, daß sie die Wasseroberfläche möglichst wenig stört, denn
dies mögen die Rundschwanzmakropoden überhaupt nicht.

Das Aquarium kann mit mehreren
Fischen besetzt werden. Aus dieser
Gruppe sondert sich ein dominantes
Männchen ab, das ein kleines Revier
absteckt, um dort mit dem Bau eines
Schaumnests zu beginnen. Das intra-
und interspezifische Verhalten ist weitgehend friedlich. Es handelt sich hier
um einen Fisch, der weitaus weniger
aggressiv als *M. opercularis* ist.

*Macropodus ocellatus* muß eigentlich
eher als Fisch für den Teich als für das
Aquarium angesehen werden. Ein Auf-
enthalt im Freien während der Som-

mermonate ist jedoch das Mindeste, was
man ihm zugestehen sollte. Die Ide-
allösung für diesen Fisch bleibt aber ein
offenliegender Teich, in dem er das
ganze Jahr verbringen kann. Die Flach-
wasserbereiche heizen sich an schönen
Tagen schnell auf und ermöglichen es
den Fischen, im Schutz der Vegetation
die Wärme der ersten Sonnenstrahlen zu
genießen. Wenn der Teich wenigstens
80 bis 100 cm tief ist, kann auch eine in
einen Korb gepflanzte Seerose eingebracht werden, die ihre großen Blätter
an der Wasseroberfläche ausbreitet.
Diese bilden von den Fischen geschätz-
te, schattige Versteckplätze, aus denen
heraus sie allerlei Insekten erbeuten können. Das aus dem Teich verdunstende
Wasser wird zum Teil durch Regen wieder ergänzt, desweiteren und vor allem
im Sommer durch das Zuführen von wei-

chem Wasser. Die ins Wasser fallenden Kleininsekten bilden einen Teil der Nahrung für die Fische. Im Winter isoliert die Eisschicht die Tiefen des Teichs, in die sich die Makropoden zurückgezogen haben, um im Winterschlaf auf schönere Tage zu warten. Sind die Temperaturen dann wieder auf 12 bis 15 °C gestiegen, so erscheinen sie wieder an der Oberfläche und nehmen ihre Aktivitäten erneut auf. Bei Werten von über 20 °C zeigen sie dann ihre ganze Vitalität. Trotzdem muß mit einigen Verlusten gerechnet werden, denn die schwächsten und ältesten Exemplare überleben die Härten des Winters oftmals nicht. Dies sind eben die Risiken einer solchen Pflege, doch dürfte es durchaus den natürlichen Bedingungen entsprechen.

Die Zucht in der Freianlage ist möglich, jedoch müssen mehrere Voraussetzungen erfüllt sein, damit sie erfolgreich verlaufen kann. Offensichtlich ist eine dem Jahresverlauf entsprechende Veränderung der Temperaturstruktur für einen Zuchterfolg von ausschlaggebender Bedeutung. Ein harter Winter und ein warmer Sommer sind natürliche Gegebenheiten, die erfüllt sein müssen, damit die Zucht im Freien gelingt. Damit zumindest einige der Jungfische eine Überlebenschance haben, dürfen sich keine anderen Fische im Teich befinden. Obwohl Goldfische oder Gambusen nicht mit unseren Rundschwanzmakropoden in Konkurrenz stehen, ist es doch sicher, daß sie den jungen Makropoden nach deren Freischwimmen nachstellen. Sollten unter diesen Um-

*Rundschwanzmakropoden, M. ocellatus*
***1.** Ein prächtiges Männchen der hochrückigen Variante in der Hochzeitsfärbung. Foto: J. Geck*
***2.** Diese unscheinbare Form mit Zebrazeichnung ist eine weitere Variante. Foto: F. Schäfer*
***3. & 4.** Das Weibchen ist wie bei den anderen Arten viel unscheinbarer gefärbt. Kurz vor dem Laichen verbleicht die sowieso schwache Färbung des Weibchens noch weiter. Es wird hellbeige, fast weiß. Der Kontrast zwischen den Farben ist durchaus attraktiv. Fotos: F. Teigler*

*Rundschwanz-makropoden, die Rücken- und Bauchflossen laufen spitz aus und können bei einigen Exemplaren über die Schwanzflosse hinausragen. Sie sind mit kleinen bläulichen Flecken übersät, die mit dem Ziegelrot der Flossengrundfarbe kontrastieren und hauptsächlich für die auffällige Erscheinung des Fischs verantwortlich sind. Der Sexualdimorphismus ist schon bei subadulten Fischen erkennbar. Foto: M.-P. & C. Piednoir*

ständen jedoch einige Jungfische überleben, so werden diese mit Sicherheit zu besonders prächtigen Rundschwanz-makropoden heranwachsen. Diese Aussagen zur Haltung und Zucht im Gartenteich sind natürlich sehr vom Lokalklima abhängig. Ist es beispielsweise im westfälischen Tiefland durchaus möglich, die Fische ganzjährig draußen zu halten, so ist diese etwa im Bayerischen Wald bei etwa 700 m ü. NN Höhe unmöglich; auch die Vermehrung gelingt unter solch extremen Bedingungen nicht.

Aus diesen Gründen ist die Zucht im Aquarium erheblich einfacher und vor allem auch ergiebiger. Das natürliche Ansteigen der Tagestemperaturen reicht bereits aus, um das Männchen in Fortpflanzungsstimmung zu bringen. Mit Erreichen der 20 °C-Grenze beginnt es dann mit dem Bau eines Schaumnests, welches an der Wasseroberfläche zwischen Schwimmpflanzen verankert wird. Das Weibchen zeigt sich währenddessen noch an diesen Aktivitäten desinteressiert und geht weiterhin vor allem der Nahrungssuche nach. Dann beginnt das Männchen jedoch, das Weibchen anzubalzen, so daß es den Anschein hat, als würde die Umschlingung jeden Moment erfolgen. Die Flossen sind dann maximal gespreizt, und das Männchen fährt mit der Werbung um das Weibchen solange fort, bis es schließlich zum Ablaichen kommt. Es erfolgt in aller Ruhe, direkt unter dem Schaumnest. Die Eier steigen in Richtung Obefläche auf und werden dort vom Männchen mit dem Maul eingesammelt und vorsichtig geordnet. Das

Männchen kümmert sich von nun an bis zum Schlupf und dem Freischwimmen der Jungen allein um die Bewachung des Nests. Auch hier übernimmt das Weibchen die äußere Revierverteidigung. Die stets in einem Aquarium vorhandenen Infusorien dienen den Jungen als erste Nahrung. Schon kurze Zeit später können fein ausgesiebtes Teichplankton, *Artemia*-Nauplien und Mikrowürmer ihre Ernährung vervollständigen. Mit Erreichen eines Alters von drei oder vier Wochen beginnt dann das kritische Stadium, während dessen sich das Labyrinth bildet. Entgegen den immer wiederholten Märchen ist es nicht die kalte oder Zugluft, welche die Jungen zur Zeit der Labyrinthentwicklung sterben läßt, sondern eine zu geringe Luftfeuchtigkeit! Eine dichte Abdeckung des Aquariums ist aber in jedem Fall günstig, zumal die Makropoden sehr gut springen können.

Der Gesundheitszustand der Rundschwanzmakropoden muß regelmäßig überprüft werden. Wird dabei die Bildung von Geschwüren bemerkt, müssen die befallenen Fische sofort separiert und die Haltungsbedingungen überprüft werden. Es wäre sinnlos zu glauben, daß die betroffenen Fische geheilt werden könnten. Allenfalls ist die Ausbreitung und damit die Anzahl der befallenen Exemplare einzugrenzen. Vor allem Infektionen mit Fischtuberculose, *Mycobacterium* spp., verlaufen in der Regel mit schlimmem Ausgang. Die Behandlung mit Sulfonamiden führt lediglich zu einer Unterdrückung der Erkrankung, ergibt jedoch vor allem gesund erscheinende Träger des Infektionskeims, welche später andere Fische infizieren. Tbc-infizierte Fische sind immer Todeskandidaten und das beste ist es, sie schmerzfrei zu töten. Die einzige Möglichkeit, eine Ausbreitung zu verhindern, besteht darin, das Schaumnest mit den Eiern und einem Minimum an Wasser nach dem Ablaichen zu entnehmen und die Eier in einem unkontaminierten Aquarium zur Entwicklung zu bringen. Diese Möglichkeit verspricht jedoch nur dann Aussicht auf Erfolg, wenn das Nest innerhalb von wenigen Stunden nach dem Ablaichen umgesetzt wurde.

Unter geeigneten Haltungsvoraussetzungen wird *M. ocellatus* im Alter von acht bis zehn Monaten geschlechtsreif und erreicht ein Alter von drei bis vier Jahren. Allerdings sind die meisten Fische bereits in ihrem zweiten Lebensjahr nicht mehr fruchtbar.

*Rundschwanzmakropoden*
*1. Geschwüre am Kopf: Eine gleichbleibende Temperatur, vor allem wenn sie zu hoch ist, verursacht diverse Geschwüre, die weiteren Infektionen den Weg bahnen. Foto: Dr. J. Schmidt*

*2. Ein balzendes Männchen. Foto: M.-P. & C. Piednoir*

*3. Ein balzendes Weibchen. Foto: J. Geck*

*4. Die Körpergestalt und -färbung sind, abhängig vom Fundort der Population, sehr unterschiedlich. Foto: Y. Tavernier*

Wabenschwanz-
makropode,
Belontia hasselti,
Männchen von
der Malaiischen
Halbinsel.
Foto: F. Teigler

Die Normalfär-
bung ist beige,
mit Wabenmu-
ster. Die Augen
sind intensiv
schwarz, aber
mit goldenem
Außenrand. Ein
dunkler schwar-
zer Fleck, der
Belontia-Fleck,
liegt über dem
Schwanzstiel
am Dorsalisan-
satz. Dieser
Belontia-Fleck
ist auch bei
jungen B. sig-
nata sichtbar.
Er dient dazu,
Angriffe von
Artgenossen zu
hemmen.
In aggressiver
Stimmung wird
der Fleck bei
B. hasselti hell,
„negativ".

## Die Arten der Gattung *Belontia* – Inselmakropoden

## Wabenschwanzmakropoden
## *Belontia hasselti*
## (CUVIER in CUV. & VAL., 1831)

**Herkunft:** Malaiisch Halbinsel sowie die Sundainseln Borneo und Sumatra.
**Länge**: 17 bis 20 cm.
**Verhalten:** Die Wabenschwanz- oder Malayenmakropoden sind außerhalb der Laichperiode gegenüber anderen Fischen sehr verträglich, es sei denn, diese sind derart klein, daß sie als Futter betrachtet würden. Das Männchen baut ein lockeres Schaumnest und verteidigt sein Revier allerdings vehement. Beide Partner sind an der Brutpflege beteiligt.
**Haltung:** Gut bepflanztes Aquarium ab 1 m Länge, mit Schwimmpflanzen und gut strukturierter Einrichtung.
**Wasser:**
**Zucht:** < 10 °dGH, < 4 °KH, pH-Wert 5 bis 6, 25 bis 27 °C.
**Sonst:** beliebig, 22 bis 25 °C.
**Fütterung:** Allesfresser: gängiges Trockenfutter, bevorzugt jedoch Frost- und Lebendfutter aller Art.

Die Wabenschwanzmakropoden, *Belontia hasselti*, sind im Malaiischen Archipel, das heißt auf der Malaiischen Halbinsel und auf den Sundainseln Borneo und Sumatra weit verbreitet. Infolge des großen und unterteilten Verbreitungsgebiets bildeten sich unterschiedliche Morphen heraus. Zur guten Pflege in einer Gruppe von fünf bis acht Fischen wird ein größeres Aquarium ab 120 cm Länge benötigt, das durch eine geschickte Einrichtung sinnvoll gegliedert sein muß. Das Aquarium sollte in der Nähe eines Fensters stehen, da diese Fische den Einfall von Sonnenlicht – vor allem morgens – sehr lieben. Zudem ist weiches Wasser von wesentlicher Bedeutung.

Wie es von der nahe verwandten Art, dem Ceylonmakropoden, *B. signata*, schon lange bekannt ist, üben sie als Elternfamilie Brutpflege aus, so ist dies auch bei *B. hasselti*. Die Geschlechtsunterscheidung erwachsener Fische ist einfach. Bei der großen Verbreitung der Art ist es nicht auszuschließen, daß Fundortvarianten mit weniger deutlichen Geschlechtsunterschieden vorkommen. Die meisten Männchen besitzen eine intensive Wabenzeichnung am ganzen Körper. Diese wird dadurch hervorgerufen, daß alle Schuppen dunkel gerandet sind. Ihre Körperfärbung ist braungelb oder beige, wobei die Rückenregion etwas dunkler, der Bauch etwas heller ist. Die Körpergrundfärbung ist beim Weibchen die gleiche, doch ist die Wabenzeichnung weniger intensiv; besonders an der Schwanzwurzel und den Flossen fehlt sie fast ganz. Auch die Flossen sind nicht so großflächig wie beim Männchen ausgebildet. Bei laichreifen Weibchen hellt die Bauchregion deutlich auf, die zudem auch noch kräftig an Umfang zunimmt. Eine weitere Besonderheit der Gattung *Belontia* ist: Der erste Strahl der Bauchflossen ist zweigeteilt und lang ausgezogen, wodurch sie immer ausgefranst wirken – wie nach einer Beißerei.

*Salat, Spinat, Paprika und leider auch weiche Wasserpflanzen werden vom Wabenschwanzmakropoden ebenso mit Begeisterung verspeist und müssen regelmäßig, mindestens einmal wöchentlich, angeboten werden. Wegen seiner Größe, von bis zu 20 cm Länge, und der Nahrungsansprüche ist der Wabenschwanzmakropode kein Fisch für jedermann. Foto: Dr. J. Schmidt*

## Die Arten

Ceylonmakro-
pode, Belontia
signata; er ist
ein robuster
Fisch, der zur
Pflege große
Aquarien
benötigt.
Belontia signa-
ta ist sehr intel-
ligent und
gewöhnt sich
schnell an den
Pfleger. Verhal-
ten sich die
Ceylonmakro-
poden scheu,
so muß auf
falsche oder
unzureichende
Pflegebedingun-
gen geschlos-
sen werden.
Foto: G. Kopic

Die Unterart
des Ceylonma-
kropoden, Be-
lontia signata
jonklaasi,
zeichnet sich
durch den grö-
ßeren, dunkle-
ren Fleck an
der Brustflos-
senbasis aus.
Foto: G. Ott

## Ceylonmakropode
### *Belontia signata*
**(GÜNTEHR, 1861)**

**Herkunft:** Sri Lanka.
**Länge**: 14 bis 16 cm.
**Verhalten:** Die Ceylon- oder Kammschwanzmakropoden sind gelegentlich auch außerhalb der Laichperiode gegenüber anderen Fischen aggressiv, vor allem wenn das Aquarium zu klein ist. Das Männchen baut ein lockeres Schaumnest und verteidigt das Revier massiv. Beide Partner sind an der Brutpflege beteiligt. Wasserpflanzen werden nicht behelligt.
**Haltung:** Gut bepflanztes Aquarium ab 80 cm Länge, mit Schwimmpflanzen und gut strukturierter Einrichtung
**Wasser:**
**Zucht:** < 14 °dGH, < 5 °KH, pH-Wert 6 bis 6,8, 25 bis 27 °C.
**Sonst:** beliebig, 23 bis 25 °C.
**Fütterung:** Allesfresser: gängiges Trockenfutter, bevorzugt jedoch Frost- und Lebendfutter aller Art.

Der Zuchtansatz kann in Aquarien ab 120 l Inhalt erfolgen. Zur Pflege und Aufzucht sind allerdings größere Behälter nötig. Das Paar benötigt in seiner neuen Behausung einige Tage, um sich einzuleben und aneinander zu gewöhnen. Meist laichen die Ceylonmakropoden nur, wenn sie ungestört sind. Die Fische paaren sich, ähnlich wie alle Labyrinther, mit einer Umschlingung.

Nach dem Ablaichen schwimmen die Eier dank ihres Ölgehalts an der Oberfläche. Der Vater, nur gelegentlich auch die Mutter, konzentriert sie lediglich in einer strömungs- und pflanzenfreien Ecke des Aquariums. Die Pflege direkt am Nest übernimmt meist das Männchen allein, gelegentlich sind beide Partner beteiligt. Die vielen hundert weißen bis hellgelben Eier bilden mit nur sehr wenigen Luftblasen und etwas *Riccia*-Moos oder anderen miteinbezogenen Pflanzenteilen das Nest. Es hat 8 bis 10 cm Durchmesser und ist in der Mitte etwa 2 cm dick. Das Nest besteht fast nur aus Eiern! Die Flossen werden zur Brutpflege angelegt getragen. Dieses Beschwichtigungsverhalten ermöglicht es dem Weibchen, sich in der Nähe des Männchens und des Nests aufzuhalten. Das Weibchen verteidigt zur gleichen Zeit das Außenrevier. Der Vater ist ständig intensiv mit dem Nest beschäftigt. Er bettet die Eier um und produziert neue Luftblasen. Abgestorbene Eier werden blaß und vom Männchen verzehrt. Während der Vater fast nur am Nest bleibt, ist das Weibchen zur Revierkontrolle sehr schwimmaktiv.

*Ceylonmakropode, Jungfisch. Eine wichtige Voraussetzung für die erfolgreiche Zucht gerade dieser Art ist die Ernährung. Große Mengen Regenwürmer, Mücken- und andere Insektenlarven sowie andere gehaltvolle Nahrung müssen angeboten werden, bevor ein Laichansatz beim Weibchen sichtbar wird. Es ist erstaunlich, welche Mengen Nahrung diese Fische aufnehmen. Zudem müssen sie zu mehreren gepflegt werden, denn Einzeltiere neigen besonders dazu, aggressiv zu werden.
Foto: F. Teigler*

**73**

*Waldbach-
blüte*, Malpu-
lutta kretseri.
*Das Weibchen
beschwichtigt
seinen Partner,
indem es ihm
mit geöffnetem
Maul auf die
Kiemendeckel
und Kehlregion
stupst. Es
könnte fast als
ein Küssen der
Fische interpre-
tiert werden.*

*Zur Paarung
umschlingt das
Männchen das
Weibchen in
der Bauchre-
gion. Dabei
wird das Weib-
chen von sei-
nem Partner
auf die Seite
gedreht. Das
Weibchen ver-
harrt länger in
der Laichstarre.
Die Eier wer-
den zunächst
nur vom Männ-
chen allein ein-
gesammelt.*

# Die Gattung
## *Malpulutta* – Waldbachblüten

Der Marmorierte Spitzschwanzmakropode, *M. kretseri*, ist eigentlich nur eine an extremes Weich- und Sauerwasser angepaßte Art der sonst sehr generell eingenischten Spitzschwanzmakropodengattung, *Pseudosphromenus*.

## Marmorierter Spitzschwanzmakropode
## *Malpulutta kretseri*
### DERANIYAGALA, 1937

**Herkunft:** Sri Lanka, Kottawa Forest.
**Länge**: 4 bis 8 cm.
**Verhalten:** Ein friedlicher und zurückgezogener Fisch. Beide Partner sind an der Brutpflege beteiligt.
**Haltung:** Gut bepflanztes Artaquarium ab 60 cm Länge, mit Schwimmpflanzen und versteckreicher Einrichtung.
**Wasser, immer:** < 10 °dGH, < 4 °KH, pH-Wert 5 bis 6,3, 24 bis 26 °C.
**Fütterung:** Allesfresser: selten Trockenfutter, bevorzugt jedoch Frost- und Lebendfutter aller Art.

*Malpulutta kretseri* ist ein Problemfisch: Die erfolgreiche Pflege kann erhebliche Schwierigkeiten bereiten. Da *Malpulutta* hinsichtlich der gebotenen Wasserqualität besonders anspruchsvoll ist, empfiehlt es sich, die in seinem natürlichen Lebensraum herrschenden Bedingungen möglichst exakt nachzuempfinden, also hartes Wasser streng zu meiden. Sehr weiches Wasser von leicht saurer bis saurer Qualität ist geeignet. Eine entsprechende Mischung ist am besten aus destilliertem, osmotisch entmineralisiertem oder korrekt aufgefangenem Regenwasser herzustellen. Die Waldbachblüten vertragen problemlos auch etwas höhere Temperaturen über 26 °C, wodurch sie lebhafter werden und intensivere Farben zeigen. Jedoch beschleunigt eine Temperaturerhöhung auch gleichzeitig den Alterungsprozeß. Zur guten Pflege ist eine schwache Filterung vorzusehen, wobei die Wasseroberfläche möglichst ungestört bleiben muß, da die *Malpulutta* eine Oberflächenströmung überhaupt nicht mögen. Auf eine zusätzliche Belüftung ist folglich unbedingt zu verzichten. Teilwasserwechsel mit sehr mineralarmem Wasser in der Größenordnung von 25 bis 30 % in wöchentlichen Abständen sind günstig. Zum Wohlfühlen benötigt *M. kretseri* Ruhe und Geborgenheit, die durch eine dichte Bepflanzung und viele Verstecke geschaffen werden. Bewährt haben sich – neben der Bepflanzung – an der Wasseroberfläche schwimmende, leere schwarze Filmdöschen, am Boden aufgestellte ausgehöhlte und gut gesäuberte Kokosnußschalen sowie Moorkienhölzer als Versteckmöglichkeiten. Waldbachblüten sind relativ verträglich, wobei nicht vergessen werden darf, daß es sich um einen territorialen Fisch handelt, insbesondere wenn das Männchen ein Revier gegründet und ein Nest gebaut hat. Ein dicht besetztes Gesellschaftsaquarium wäre das Todesurteil für diesen empfindlichen, ideell wertvollen Fisch!

*Später sind beide Partner bei der Betreuung des Laichs aktiv. Die Eier werden mit Schaumblasen ummantelt und ins Nest gespuckt. Das Männchen übernimmt die Brutpflege allein. Die Larven schlüpfen bei 24 °C Wassertemperatur nach zwei Tagen, erst drei weitere Tage später schwimmen sie frei und beginnen mit der Nahrungssuche. Fotos: Dr. J. Schmidt*

Schwarzer Spitzschwanzmakropode, Pseudosphromenus cupanus, laichendes Paar. Im Zuchtaquarium müssen viele Versteckmöglichkeiten wie Höhlen, Laub am Boden, Kokosnußschalen oder halbe Tontöpfe für die vom Männchen verfolgten Weibchen angeboten werden. Oft werden Schwimmpflanzen als Hilfe zur Befestigung des Schaumnests angenommen. Da er kaum länger als 6 cm wird, ist sein Schaumnest dementsprechend klein.
Foto: H. Linke

**Im Ausschnitt:** Ein P. cupanus-Männchen von Kerala, Indien. Foto: F. Schäfer

## Die Arten der Gattung *Pseudosphromenus* – Spitzschwanzmakropoden

### Schwarzer Spitzschwanzmakropode *Pseudosphromenus cupanus* (CUVIER in CUV. & VAL., 1831)

**Herkunft:** Südindien und Sri Lanka.
**Länge**: 5 bis 6 cm.
**Verhalten:** Ein sehr friedlicher Fisch. Beide Partner sind an der Brutpflege beteiligt.
**Haltung:** Gut bepflanztes Artaquarium ab 60 cm Länge, mit Schwimmpflanzen und versteckreicher Einrichtung.
**Wasser, immer:** < 20 °dGH, < 6 °KH, pH-Wert 5,5 bis 7,5, 20 bis 28 °C.
**Fütterung:** Allesfresser: Trockenfutter sowie Frost- und Lebendfutter aller Art. Einige Schwimmpflanzen im Aquarium und am Grund etwas Moorkienholz tragen dazu bei, daß sich die Fische sicher fühlen. Einige Wasserkelche dürfen als regionaltypische Pflanzen nicht fehlen, zumal die großen Blätter gern in den Nestbau einbezogen werden. Das Bodensubstrat sollte vorzugsweise dunkel sein und kann je nach individuellem Geschmack bepflanzt werden.

Unter diesen Bedingungen können einige Paare gemeinsam im gleichen Aquarium gepflegt werden, sofern die gegebenen Oberflächengröße dies zuläßt, nach oben bestehen natürlich keinerlei Beschränkungen. Die Ernährung gestaltet sich als relativ einfach, da die Fische praktisch alle gängigen kleineren, lebenden und gefrorenen Futtersorten akzeptieren.

Schwarzer
Spitzschwanz-
makropode,
P. cupanus,
ein Männchen
von Kerala,
Südwestindien.
Schwimmpflan-
zen dienen als
Deckung und
gleichzeitig als
Ankerpunkte
für das
Schaumnest
sowie als Ver-
steckmöglich-
keiten für die
Jungfische.
Foto: D. Bork

Nach der
Paarung der
Schwarzen
Spitzschwanz-
makropoden-
paars von
Velam Kot
verharren die
Fische, wie alle
Labyrinther, in
der Laichstarre.
Foto:
J. Rehwinkel

Roter
Spitzschwanz-
makropode,
Pseudosphro-
menus dayi, *ein
prächtiges
Männchen
vom Aquarien-
stamm.*

**Oben & rechts:**
*Balzendes Paar
unter dem an
der Wasser-
oberfläche
errrichteten
kleinen
Schaumnest.
Fotos:
D. Bork*

# Roter Spitzschwanzmakropode
## *Pseudosphromenus dayi*
### (KÖHLER, 1908)

**Herkunft:** Südwestindien.
**Länge:** 5 bis 6 cm.
**Verhalten:** Ein sehr friedlicher Fisch. Beide Partner sind an der Brutpflege beteiligt, die Jungen können bei den Eltern heranwachsen.
**Haltung:** Ein dicht bepflanztes Artaquarium ab 60 cm Länge, mit Schwimmpflanzen und versteckreicher Einrichtung entspricht den Ansprüchen der Fische.
**Wasser, immer:** < 18 °dGH, < 6 °KH, pH-Wert 6 bis 7,5, 22 bis 28 °C.
**Fütterung:** Allesfresser: Trockenfutter, Frost- und Lebendfutter aller Art.

Ein Artaquarium ist zu bevorzugen. Nur wenn genügend Nachzuchten vorhanden sind, kommt eine Vergesellschaftung infrage. Für ein Regionalaquarium bieten sich einige friedfertige, kleine Bärblinge an und – sofern ausreichend Raum zur Verfügung steht – einige *P. cupanus*. Zur Vermeidung von Problemen ist es besonders wichtig, eine der wichtigsten Grundregeln der Aquaristik zu beachten – die Anzahl der Fische richtet sich nach der Größe des Aquariums. Eine gemeinsame Pflege mit *P. cupanus* oder *M. kretseri* ist schwierig, da die *P. dayi* diese als Rivalen ansehen. Auch ist nicht auszuschließen, daß es zu Hybridzuchten kommt, und eine solche genetische Vermischung ist unerwünscht.

*Ablaichende Rote Spitzschwanzmakropoden. Im Schaumnest unter dem Wasserpflanzenblatt befinden sich bereits die ersten Eier. Das Männchen baut unabläßlich Bläschen an Bläschen und polstert sein Nest sogar weiter aus, wenn schon Eier oder Larven darin sind. Oft wird das Nest auch stückchenweise verlegt oder angebaut. Fotos: H.-J. Richter*

**Ein empfehlenswertes Buch:**
PAEPKE, H.-J. 1994. Die Paradiesfische. Neue Brehm-Bücherei Bd. 616, Magdeburg, 144 S.

**Für Labyrinthfischfreunde:**

AHL, E. 1937. Neue Süßwasserfische aus dem Indischen und Malaiischen Gebiet. Zool. Anz. 117(5/6), 115-119.

BENL, G. & TEROFAL, F. 1974. Beiträge zur Kenntnis der Belontiinae. Veröff. Zool. Staatssammlung München 17, 141-165.

CANTOR, T. E. 1842. General Features of Chusan, with remarks on the Flora and Fauna of that Island. Ann. Mag. Nat. Hist., Ser. 1, 9(3), 481.

CUVIER, G. & VALENCIENNES, M. 1831. Histoire naturelle des Poissons. Tome 7. Paris.

ENGMANN, P. 1919. Der Makropode oder Großflosser. 6. Aufl. Bibliothek für Aquarien- und Terrarienkunde Heft 2. Braunschweig.

FORSELIUS, S. 1957. Studies of Anabantid Fishes. I-III. Zool. Bidrag Uppsala 32, 93-397.

FREYHOF, J. & HERDER, F. 2002. Review of the paradise fishes of the genus *Macropodus* in Vietnam, with description of two new species from vietnam and southern China. Ichthyol. Explor. Freshwaters 13(2), 147-167.

GECK, J. 1988. *Macropodus chinensis* – Hälterungsstrategien und neue Erfahrungen. Der Makropode 1o(3), 38-40.

HALL, D. D. 1968. A Qualitative Analysis of Courtship and Reproductive Behavior in the Paradise Fish, *Macropodus opercularis*. Z. Tierpsychol. 25(7), 834-842.

HERDER, F. & FREYHOF, J. 2001. Makropoden. Überraschendes und Neues von alten Bekannten. Datz 54(7), 20-23.

HIERONIMUS, H. & SCHMIDT, J. 1990. Zu Namensgebung und Erstbeschreibungsjahr von *Pseudosphromenus dayi* (KÖHLER, 1908). Der Makropode 12(11/12), 222-223.

KASSEL, J., DAVIS, R. E. & SCHWAGMEYER, P. 1976. Telencephalic Lesions and Behavior in the Teleost, *Macropodus opercularis*: Further Analysis of Reproductive and Operant Behavior in the Male. Behav. Biol. 18, 179-188.

KÖHLER, W. 1908. Untersuchungen über das Schaumnest und den Schaumnestbau der Osphromeniden. Blätter für Aquarien- und Terrarienkunde, 382-384, 392-397.

KRATOCHVIL, H. 1985. Beiträge zur Lautbiologie der Anabantoidei – Bau, Funktion und Entwicklung von lauterzeugenden Systemen. Zool. Jb. Physiol. 89, 203-255.

LINNÉ, C. 1758. Systema naturae. 10. Aufl., 283.

MYERS, G. S. 1932. The two chinese labyrinth fishes of the genus *Macropodus*. Lingnan Sci. J. 11(3), 385-405.

NANN, O.-M. 1982. Das Labyrinther-Portrait Nr. 11. *Macropodus opercularis* (LINNÉ, 1758). Der Makropode 4(11).

NOACK, W. 1985. Beobachtungen an *Macropodus chinensis* zur Haltung im Aquarium auf dem Balkon. DER MAKROPODE 7(5+7), 89-91, 133-135.

PAEPKE, H.-J. 1988. Zur Verbreitung des Rundschwanzmakropoden und seiner Verwandten. Aquarien Terrarien 35(1), 10-13.

PAEPKE, H.-J. 1990. Zur Synonymie von *Macropodus chinensis* (BLOCH, 1790) und *M. opercularis* (LINNÉ, 1758) und zur Rehabilitation von *M. ocellatus* CANTOR, 1842 (Pisces, Belontiidae). Mitt. Zool. Mus. Berl. 66(1), 73-78.

RICHTER, H.-J. 1969. Der Rote Spitzschwanzmakropode *Macropodus cupanus dayi*. Aquarien Terrarien 16(3), 81-83.

SCHMIDT, J. 2000. *Macropodus ocellatus*. DER MAKROPODE 22(3/4), 32-35.

SCHMIDT, J. & OTT, G. 2001. Waldbachblüten. *Malpulutta kretseri* De Kretsers Spitzschwanzmakropode. Aquarium *live* 5(4), 20-30.

SCHWIER, H. 1939. Geschlechtsbestimmung und -differenzierung bei *Macropodus opercularis, concolor, chinensis* und deren Artbastarden. Z. ind. Abst. Vererb.-lehre 77, 291-235.

SEEHAUS, T. 2000. Bunte Farben, prächtige Flossen. Paradiesfische *Macropodus opercularis*. Aquarium *live* 4(5), 1, 4, 20-28.

STANSCH, K. 1911. Der Makropode oder Großflosser. 4. Aufl. Bibliothek für Aquarien- und Terrarienkunde Heft 2, Braunschweig.

STUDER, W. 1985. Das Labyrinther-Portrait Nr. 29. *Macropodus chinensis* (BLOCH, 1790). DER MAKROPODE 7(10), 201-205.

TÖPFER, J. 2001. Das Rätsel der Schwarzen Makropoden. Aquarium *live*, 5(6), 18-25.

VADASZ, C. S., KISS, B. & CSANYI, V. 1978. Defensive behaviour and its inheritance in the anabantoid fish, *Macropodus opercularis* and *Macropodus opercularis concolor*. Behav. Processes 3, 107-124.

VERFÜRTH, H. 1970. Zur Haltung, Pflege und Zucht von *Belontia hasselti*. Datz 23(5), 137-138.

VIERKE, J. 1983. Eine gute Art: *Macropodus concolor* AHL, 1937. Der Makropode 5(9), 202-204.